木造住宅の見積りとコストダウン

経営的視点で考える木造住宅の**積算**と
利益を生み出す**原価管理**の手法

永元　博　著

刊行にあたって

　本書は、木造住宅の積算、そこから派生する工事原価管理、さらにコストダウンまでの幅広い範囲で構成しています。

　「積算は経営の重要な要素である」ということが本書の首尾一貫した論旨です。皆様方の工務店を継続的に維持していくためには、その原資として適正な利潤が必要です。現代的な工務店経営では、この適正な利潤は、計画的でシステム的な仕組みの中で創出される成果物であると考えています。得てして結果主義（どんぶり勘定）的な経営に陥りやすい工務店の経営を、近代的な企業経営に変革させるための一助として「積算を経営的な観点から捉える」ことの重要性と、そのことに関わる「工事原価の管理」「コストダウン」などの重要課題へのアプローチの仕方を披露することを意図しています。

　以上のような観点から鑑み、本書を購読していただきたい方々は、元請けとして地域で頑張っている中堅工務店の積算担当者のみならず、管理職から経営者の皆様にまで至ります。積算担当者の皆様に置かれましては、漫然と数量の拾い屋とならず、経営に関わる重要な業務の一翼を担っているという気概を持っていただきたいと思います。管理職・経営者の方々には、工事原価管理の重要性とそれにつながる利益率改善のための仕組みを構築していただきたいと思います。

　これまで木造住宅を手掛けている工務店のコストダウンのお手伝いをさせていただいてきましたが、気が付いたことは、木造住宅には定型的な見積り体系や単価・数量の拾い基準が存在しないことでした。本書では、木造住宅の積算の基準やスタンダードとなる見積書の体系を設定することも大きなテーマといたしました。皆様方の工務店と施主および下請け業者が、共通の言語を用いた「つくりやすく、わかりやすい」見積書を標榜しています。

　本書に記載した内容は、私自身が住宅会社に所属していたときに長年かけて実践的に行ってきたことです。いつかは集大成したいと思っていました。今回、このような機会を与えていただいた一般財団法人経済調査会の皆様に心より感謝いたします。

著者

目　次

第1章　見積書作成のポイント

1　原価の構成要素 — 8
1. 原価3要素 — 8
2. 住宅1棟の原価構成 — 9
3. 工種別材工工事の原価構成 — 10
4. 諸経費の定義 — 13
5. 利益の種別 — 15

2　木造住宅の見積りの種類と体系 — 18
1. 見積りの種類 — 18
2. 見積りの体系 — 20
3. 工種別見積り体系の工事区分 — 24
4. 給排水設備工事の区分定義 — 33

3　見積りの基本原則 — 35
1. 数量と単価の単位 — 35
2. 数量算出基準 — 36
3. 施工床面積 — 39
4. 見積りに用いる単価 — 40

4　歩掛の考え方 — 44
1. 歩掛とは — 44
2. 下駄箱収納の価格算出 — 45
3. 基礎外周部1m当たりの工事費の算出 — 50

第2章 新築工事の見積書の作成

1 見積書の構成と数量算出基準 ... 60
1. 工事項目別の見積算出基準 ... 60

事例1 簡便でわかりやすい見積書 ... 68
1. 建築本体工事 ... 72
2. 諸経費 ... 99
3. 付帯工事 ... 99
4. 別途工事 ... 100
5. 見積書の体裁 ... 100

事例2 詳細に拾った見積書 ... 106
1. 設計図書類 ... 106
2. 見積りの内訳 ... 134

第3章 原価管理に関して

1 原価管理の重要性 ... 144
1. 原価管理の4本柱 ... 144
2. 原価管理とコストダウン ... 146

2 原価管理の業務フロー ... 148
1. 営業・設計部門の原価管理 ... 148
2. 工事部門の原価管理 ... 151
3. 工事完了後 ... 153

3 工事実行予算の管理 ... 154
1. 工事実行予算管理表の作成 ... 154
2. 利益改善会議の開催 ... 158
3. 工事実行予算運用の留意点 ... 163

第4章 コストダウンの手法に関して

1 コストダウンの目的 — 166
1 なぜコストダウンが必要なのか — 166

2 コストダウンのポイント — 168
1 コストダウンの実施ポイント — 168
2 コストダウンの実施、運用に関して — 174

3 コストダウンの手法 — 175
1 コストダウンの目標と実施項目の策定 — 175

4 コストダウンの成功事例 — 180
1 コストダウン目標額の設定 — 180
2 コストダウン実施プロジェクトの設置 — 180
3 コストダウン候補項目リストの作成と実施の確認 — 181
4 原価管理とコストダウンのための実施計画表の作成 — 185
5 コストダウン実施プロジェクトの結果 — 188

第1章
見積書作成のポイント

1 原価の構成要素

　CAD設計と連動したCAD積算が主流となり、見積書の作成プロセスは完全にブラックボックス化してきています。住宅の積算スキルや技術的な知識を特に有していなくても、パソコンのオペレーション技量があれば、自動的に見積書がプリンターからアウトプットされます。このこと自体は、誰でも、手間をかけずに、精度の高い見積書を手に入れることができるのですから歓迎すべき事です。

　しかしながら、パソコンの積算システムに魂を入れてコントロールするのは人間です。この魂とは、どのような法則を持って積算するのかを決める原理です。さらに、ここでいう原理の中で最も重要なのは木造住宅の原価の構成要素です。積算システムをコントロールして、後に続く原価管理やコストダウンにつなげるためには、原価の構成要素の概念を理解することから始まります。

1 原価3要素

　木造住宅における「原価の構成要素」というと何か難しそうですが、実際は単純なことで、構成要素は、「労務費」、「材料費」、「粗利益」の3要素しかありません。多くの工務店では基礎工事や左官工事などを下請け業者に一括して「材工工事」として発注しているので、少し違うのではないかと思われる方もいるかもしれません。しかし、これとて基礎工事業者や左官工事業者は、必要な労務を確保し、必要な資材を調達し、最後に自分達の会社を維持していくための経費と生活していくための費用をひねり出していくのですから、結局、この原価3要素に帰結することになります（図1）。この3要素を見極めることが見積り作成の最重要課題です。

　原価3要素を見極めるということは、価格の構成を読むということです。価格の構成を読むとは、例えば、左官工事の中での労務費の割合、鉄筋等の材料費が基礎工事費に占める割合などを数値的な根拠を持って掌握することです。すなわち、妥当な金額はいくらなのかを判断する根拠を持っているということです。鉄筋の価格が高騰すると、基礎工事費

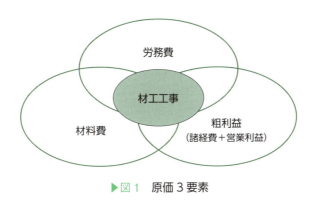

▶図1　原価3要素

が何割も上がってしまうのではないかと大騒ぎしますが、実際は工事費には数％しか影響しません。そのことを正しく理解していれば冷静に下請け業者からの価格交渉に対処できるはずです。

また、価格の構成を読むことは、コストダウンを実現するためにも必要な能力です。ただ勢いでやみくもなコストダウン（発注金額の強引な値下げ交渉など）をすることではなく、コストダウンのおさえどころを集中的に攻めることで、合理的で実効性の高いコストダウンを継続的に実現できます。

「積算とは経営の重要な要素である」ということが本書の基本的な考え方です。そのためには基本となる原価3要素を理解していなければなりません。

2　住宅1棟の原価構成

住宅1棟の原価3要素の構成はどのようになっているのでしょうか。工事規模や施工地域、施工の時期などによって異なりますが、一般的には労務費の割合が30～40％、材料費の割合が40～50％、粗利益が15～30％前後です（図2）。

粗利益の割合に差があるのはなぜでしょうか。それは、会社の規模や営業方法によって営業経費（諸経費）がどの程度必要かが異なるからです。全国規模で展開している大手のハウスメーカーでは、モデルハウスやテレビコマーシャル、全国紙への広告掲載等、販売促進に多くの費用が必要です。そのために必要な粗利益率は30％以上になります。さらに、工場を稼働させる経費が必要なプレハブ住宅の場合、実質的な粗利益率は35～40％位となっていることもあります。元請けとして地域で頑張っている工務店の場合は、そこ

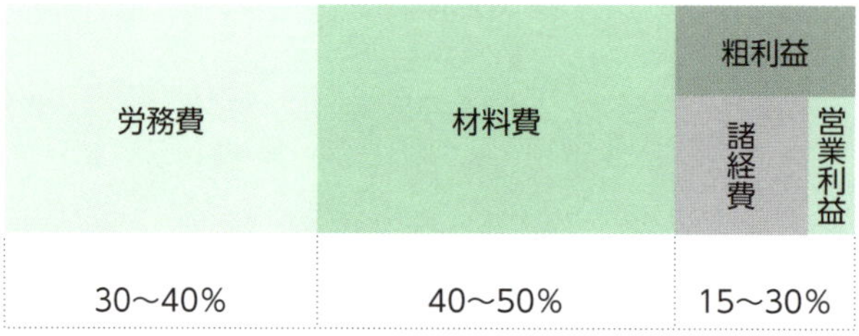

1　原価の構成要素

労務費	材料費	粗利益 / 諸経費 / 営業利益
30〜40%	40〜50%	15〜30%

▶図2　住宅1棟の原価構成

まで営業経費が掛からないでしょうが、それでもイベントの開催や地方紙・地域情報誌への広告掲載などの営業経費が必要で、粗利益率は概ね25%位となっていることが多いと思います。ハウスメーカーの下請けとして工事を行っている工務店の場合は、これらの販売促進に関わる費用が不要なので15%前後、個人でやっている大工工務店の場合はさらに事務に関わる経費が軽微なので10%前後の粗利益率でしょうか。

　いずれにしろ、工務店を維持し発展させていくのに必要な粗利益率がどれ位なのかを、経営的な観点からきちんと捉えることが必要です。

3　工種別材工工事の原価構成

　基礎工事・左官工事・内装工事や給排水設備工事・電気設備工事などは、材料費と労務費を分離せずに一緒にした材工共の金額で材工工事として発注している場合が多いでしょう。例えば外壁の左官工事の場合、砂が何 m^3、セメント何袋、混和剤何kg、左官工何人工というように細分化した発注項目を設定するのではなく、これらを一切合切複合化した外壁仕上げ $1m^2$ 当たりの単価を設定して、該当する外壁仕上げ面積を乗じて発注金額を決めていることが多いと思います。

　それでは、これらの工事を実際に行う下請け業者の原価構成はどうなっているのでしょうか。先にも述べた通り、これらの業者も工事を行うために職方の手配を行い、必要な材料を調達し、社員には給料を支払い、事務に掛かる経費も必要ですから、しょせん、原価3要素で構成されていることには変わりありません。

　そして、これらの材工工事として発注している下請け業者の原価3要素の構成比率は、その工事の種別によって次の3種類に大別されます（図3）。

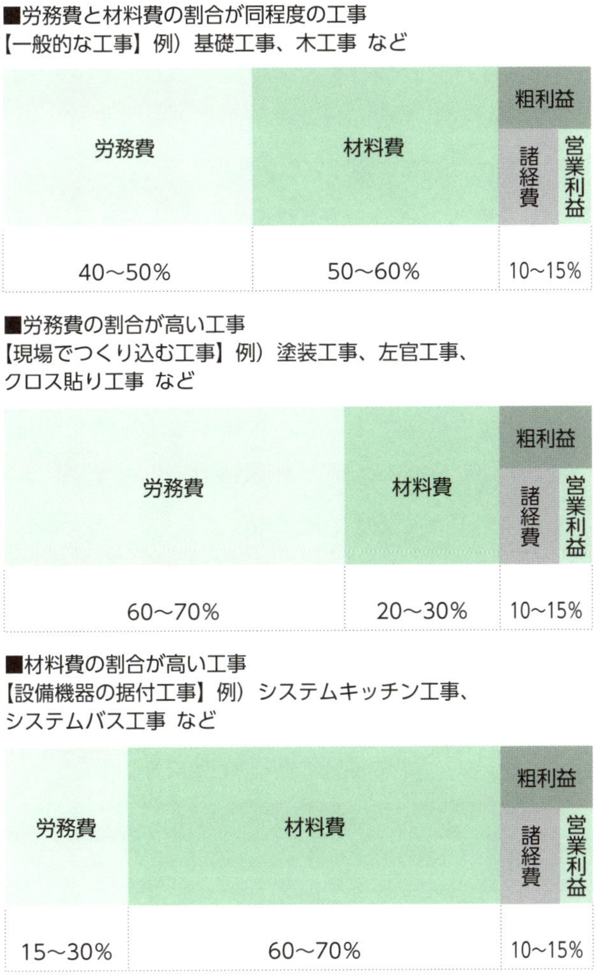

■労務費と材料費の割合が同程度の工事
【一般的な工事】例）基礎工事、木工事 など

労務費	材料費	粗利益（諸経費／営業利益）
40〜50%	50〜60%	10〜15%

■労務費の割合が高い工事
【現場でつくり込む工事】例）塗装工事、左官工事、クロス貼り工事 など

労務費	材料費	粗利益（諸経費／営業利益）
60〜70%	20〜30%	10〜15%

■材料費の割合が高い工事
【設備機器の据付工事】例）システムキッチン工事、システムバス工事 など

労務費	材料費	粗利益（諸経費／営業利益）
15〜30%	60〜70%	10〜15%

▶図3　工種別原価3要素の構成比率

①労務費と材料費の割合が同程度の工事

　基礎工事や木工事、外壁サイディング工事、設備配管工事などの一般的な工事です。

②労務費の割合が高い工事

　塗装工事、左官工事、クロス貼り工事などの現場でつくり込む工事です。

③材料費の割合が高い工事

　システムキッチンやシステムバスなどの設備機器の据付工事がこれに当たります。

　これらの各工事の原価3要素の割合を理解していれば、それぞれの下請け業者への発注

単価の設定、下請け業者から提出された見積金額の妥当性の判断、資材が高騰したときの発注単価への影響、同様に職方の労務費が上がった場合の発注金額の算定などに役立ちます。さらに、コストダウンを実現させる場合の着眼点となります。

　私自身の経験ですが、原油価格の高騰時に、大手の塗装工事業者から材料価格が20％上伸したことを理由に、外壁塗装工事費を20％値上げしたいと要請がありました。当該工事の塗料代が占める割合は、工事費全体の20％からせいぜい30％程度と算定していたので、5％の値上げは仕方がないという思いで交渉に当たりました。原価の構成要素を根拠に交渉を進めた結果、最終的には業者からの足場の架設方法などの作業環境の改善の要求を受け入れて作業効率を高めることにより、現状の発注単価を維持できることになりました。もし、原価3要素の構成割合に関して疎ければ、交渉事になり要請金額の半分（10％）の単価値上げで決着させていたかもしれません。

▶表1　大規模建築工事の現場管理費の内容

科　目	内　容
労務管理費	現場雇用労働者および現場労働者の労務管理に要する費用 ・募集および解散に要する費用 ・慰安、娯楽および厚生に要する費用 ・純工事費に含まれない作業用具および作業用被服等の費用 ・賃金以外の食事、通勤費等に要する費用 ・安全、衛生に要する費用および研修訓練等に要する費用 ・労災保険法による給付以外に災害時に事業主が負担する費用
租税公課	工事契約書等の印刷代、申請書・謄抄本登記等の証紙代、固定資産税・自動車税等の租税公課、諸官公署手続き費用
保険料	火災保険、工事保険、自動車保険、組立保険、賠償責任保険および法定外の労災保険の保険料
従業員給料手当	現場従業員の給与、諸手当（交通費、住宅手当等）および賞与
施工図等作成費	施工図等を外注した場合の費用
退職金	現場従業員に対する退職給付引当金繰入額および現場雇用労働者の退職金
法定福利費	現場従業員、現場雇用労働者および現場労働者に関する労災保険料、雇用保険料、健康保険料および厚生年金保険料の事業者負担額ならびに建設業退職金共済制度に基づく事業主負担額
福利厚生費	現場従業員に対する慰安、娯楽、厚生、貸与被服、健康診断、医療、慶弔見舞等に要する費用
事務用品費	事務用消耗品費、OA機器等の事務用備品費、新聞・図書・雑誌等の購入費、工事写真代等の費用
通信交通費	通信費、旅費および交通費
補償費	工事施工に伴って通常発生する騒音、振動、濁水、工事用車両の通行等に対して、近隣の第三者に支払われる補償費。ただし、電波障害等に関する補償費を除く
その他	会議費、式典費、工事実績の登録等に要する費用、その他上記のいずれの項目にも属さない費用

4 諸経費の定義

　施主から諸経費とは何かという質問を受けることも多いと思いますが、簡単にいうと、諸経費とは会社を運営させるため、事業を継続させるために必要な費用のことです。

　ゼネコンが手掛けるマンションやオフィスビルなどの大規模な建築工事においては、諸経費は、現場管理費と一般管理費に仕分けされます。現場管理費とは、工事施工に当たり工事現場を運営するための費用で、工事現場単位で発生します。一般管理費とは、会社全般の運営に関わる管理費です。従業員の給与や本店の経費がこれに当たります（表1、2）。

　一方、工務店が手掛ける木造住宅では、現場管理費と一般管理費の境界線が曖昧であり、両方を併せて諸経費として計上するのが一般的です。定期点検に関わる費用も、それ

▶表2　大規模建築工事の一般管理費の内容

科　目	内　容
役員報酬	取締役および監査役に要する報酬
従業員給料手当	本店および支店の従業員に対する給与、諸手当および賞与（賞与引当金繰入額を含む）
退職金	本店および支店の役員および従業員に対する退職金（退職給付引当金繰入額および退職年金掛金を含む）
法定福利費	本店および支店の従業員に関する労災保険料、雇用保険料、健康保険料および厚生年金保険料の事業主負担額
福利厚生費	本店および支店の従業員に対する慰安、娯楽、貸与被服、医療、慶弔見舞等の福利厚生等に要する費用
維持修繕費	建物、機械、装置等の修繕維持費、倉庫物品の管理費等
事務用品費	事務用消耗品費、固定資産に計上しない事務用備品、新聞、参考図書等の購入費
通信交通費	通信費、旅費および交通費
動力用水光熱費	電気、水道、ガス等の費用
調査研究費	技術研究、開発等の費用
広告宣伝費	広告、公告または宣伝に要する費用
交際費	得意先、来客等の接待、慶弔見舞等に要する費用
寄付金	社会福祉団体等に対する寄付
地代家賃	事務所、寮、社宅等の借地借家料
原価償却費	建物、車両、機械装置、事務用備品等の原価償却額
試験研究償却費	新製品または新技術の研究のための特別に支出した費用の償却額
開発償却費	新技術または新経営組織の採用、資源の開発ならびに市場の開拓のため特別に支出した費用の償却額
租税公課	不動産取得税、固定資産税等の租税および道路占用料その他の公課
保険料	火災保険その他の損害保険料
契約保証費	契約の保証に必要な費用
雑費	社内打合せの費用、諸団体会費等の上記のいずれの項目にも属さない費用

ぞれの邸名の個別原価ではなく、本社経費の一部として諸経費の各科目に配賦することが一般的です。表3に木造住宅の諸経費の事例を掲げました。「雇用に関わる経費」、「業務に伴い発生する経費」に大別されます。

「雇用に関わる経費」として代表的なのは「従業員給料手当」ですが、無視できないのは「法定福利費」です。個人事業の場合は国民健康保険・国民年金の場合が多いと思いますが、法人とした場合、社会保険（健康保険・厚生年金）となり経費増となります。また、雇用保険は個人事業でも従業員を雇い入れた場合、一定の労働時間を超えると加入しなくてはなりませんので、その分の経費も見込む必要があります。

「業務に伴い発生する経費」は、工務店を「維持していくための経費」（事務用品費、通信交通費、光熱費、地代・家賃等）と「受注確保するための経費」（調査研究費、広告宣伝費等）で構成されます。「維持していくための経費」は多分に固定費的な意味合いがありますが、「受注確保するための経費」は変動費的な要素が強く、工務店の業績によって増減されやすい部分です。この「受注確保するための経費」をいかにひねり出すかが工務店経営のポイントで、そのために必要な粗利益がどれ位かを見極めることが重要です。

最終的な利益が出せない状況となると、「業務に伴い発生する経費」の「広告宣伝費」

▶表3　木造住宅の諸経費

科目		内容
雇用に関わる経費	役員報酬	取締役、監査役の報酬
	従業員給料手当	従業員の給与・諸手当・賞与
	退職金	従業員に対する退職金 （退職給付引当金繰入額および退職年金掛金を含む）
	法定福利費	労災保険・雇用保険・健康保険・厚生年金
	福利厚生費	従業員に対する慰安、娯楽、厚生、貸与被服、健康診断、医療、慶弔見舞等に要する費用
業務に伴い発生する経費	事務用品費	事務用消耗品費
	通信交通費	通信費、交通費
	光熱費	電気、水道、ガス等の費用
	調査研究費	技術研究、開発費
	広告宣伝費	広告、宣伝に要する費用
	交際費	得意先、来客の接待、慶弔見舞に要する費用
	地代・家賃	事務所、社宅等の借地借家料
	原価償却費	建物、車両、機械装置の原価償却費
	租税公課	不動産取得税、固定資産税等
	保険料	火災保険、損害保険料
	その他	保証費、会議費、雑費等

を削り、さらに状況が悪化すると、本来固定費的な部分である「雇用に関わる経費」の「従業員給与手当」にまで手を付けることとなり、ますます状況が悪化していきます。そのようにならないためにも、諸経費のバランスを考えて一邸名ごとの粗利益の確保に注力していく必要があります。

5 利益の種別

　利益にはいくつかの種別と水準があります。工事の請負金額は、施主との請負契約により確定した建築工事に対する対価であり、これを原資として工事に必要な材料・労務を手配し建築工事を完成させます。一般的にはこれらの集積が工事原価であり、請負金額からこの工事原価を差し引いて残ったものが「粗利益」となります（図4）。

　粗利益は、諸経費と営業利益から構成されます。それぞれの建築工事で生み出された粗利益の事業年度の総計から、会社全体で掛かった営業経費や事務経費などの工務店を維持していくために必要な諸経費を差し引いて残ったものが「営業利益」となります。この「営業利益」とは、あくまでも本業で稼いだ利益、工務店でしたら住宅の建築工事により得られた利益ということになります。

　その他の利益の種類として、賃貸収入などの本業以外の副業で稼いだ「営業外利益」、営業利益と営業外利益を合算した「経常利益」、さらに経常利益から特別利益や特別損失を加除した「純利益（税引前利益）」、法人税などの租税を差し引き最終的に会社に残る「純利益（税引後利益）」があります（図5）。

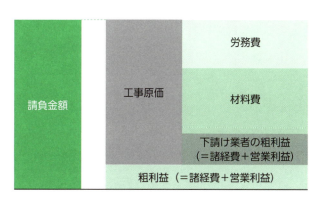

▶図4　請負金額と工事原価、粗利益

1 原価の構成要素

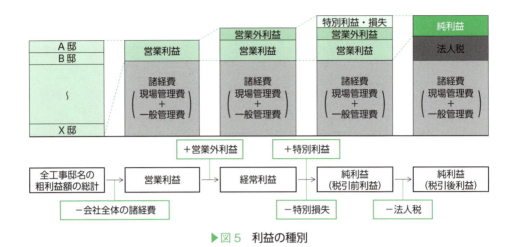

▶図5 利益の種別

　これらの利益の種別の中で、積算担当者の責務として意識する必要があるのは会社全体の「営業利益」であり、必要な営業利益を生み出すためには個々の建築工事でどれ位の「粗利益」が必要なのか、常に勘案して積算に当たることが肝要です。

　それでは、工務店としてどれ位の営業利益率が必要なのでしょうか。それぞれの地域に根ざしている中堅工務店を例にとると、安定した事業を維持するためには売上高に対して5%を超えることが一つの目安になります。3%以下では、余裕のある事業経営は難しく、一歩間違えれば赤字に転落してしまいます。営業利益に余裕があれば、販売促進費等の受注を促進するための費用が捻出できて受注量を安定させることができます。また、施主へのさまざまなサービスの提供による顧客満足度（Customer Satisfaction, CS）の向上のみならず、社員の処遇改善と働くことへの満足度（Employee Satisfaction, ES）も高まり、ますます優良な工務店としての評判に結びつきます。

　一方、営業利益を確保できない状況に追い込まれると、まず広告宣伝などの販売促進を取り止め、CSやESに使う費用も削減し、さらに受注が減っていくという負のスパイラル状態に陥ってしまいます。

　それでは、適正な営業利益率を確保するためにはどのようにすれば良いのでしょうか。手っ取り早いのは、見積り金額に所定の利益を上乗せすることが考えられますが、そんなに甘くはありません。世の中には市場で通用する価格というものがあり、それを逸脱するほど高額な金額で契約する施主はいません。受注競争がますます厳しくなってきている住

宅市場の中で価格競争力（価格に比べて価値が高い、決して安いだけではない）をつけることがこれからの時代に生き残るためには必要です。

　販売価格を上げずに粗利益率を上げるための一つの方法は、工事原価を低減させること、すなわち工事原価のコストダウンを進めていくことです。このことに関しては第4章で解説します。また、粗利益率を変えずに工務店の経営に必要な営業利益額を確保する方法もありますが、この方法を取る場合は、社員の仕事の効率化（生産性の向上）を主体とし、販売促進費やCSに関わる費用を安易に削減してはいけないことは先に述べた通りです。

2 木造住宅の見積りの種類と体系

　見積りは、施主に概略の工事予算の目途を掌握していただくためのもの、設計内容に従った詳細な内容のもので施主との請負契約等に用いるもの、工事実行予算を策定し工事発注に使用するものに大別されます。
　また、鉄筋コンクリート造・鉄骨造等に代表される公共建築や集合住宅、オフィスビル等の大規模な建築工事の見積りは、国土交通省が監修する「公共建築工事積算基準」等で体系化されていますが、個別散在の木造住宅の見積りは体裁・構成内容が明確に定義されている訳ではありません。
　ここからは、初期の営業段階から工事実行予算までの業務の流れに従った見積りの概要を解説します。

1 見積りの種類

　業務の流れの中で、それぞれの段階で求められる見積りの目的・内容・方法は、次の3つに大別されます（図6）。

（1）概算見積り

　営業初期の段階で、施主の予算を見極めることを目的に作成します。一般的には、施主の要望をもとにしてスケッチ程度の概略図面を作成し、あらかじめ設定してある標準的な仕様による床面積当たりの単価等を基にして、おおまかに掛かる工事費を算出することが多いと思います。

（2）営業積算

　「営業積算」とは施主と契約するための見積りのことです。概算見積りで概要的な計画と予算のめどを付けた後に、敷地調査・行政へのヒアリング等を行い、配置図・平面図・立面図等を描き起こし、正式な見積書を施主に提出して請負契約を締結します。請負契約

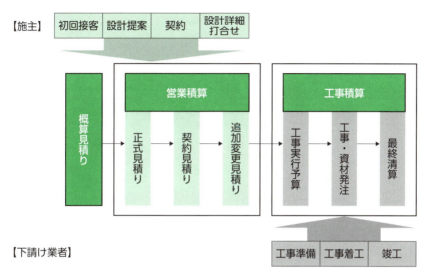

▶図6 業務の流れと見積り・積算の種類

締結後に、間取りや仕様の詳細な打合せを何回か行い内容を確定していくこととなりますが、この打合せに沿って、適宜、追加・変更見積書を作成し施主からの承認を得て、常に全体予算の管理をしていくことになります。

以上のプロセスの途中に「設計契約」を結ぶことにより、最終的に成約率を高めている工務店もあります。

(3) 工事積算

工事業者、資材納入業者に発注するための見積りであり、実際に工事を行うための見積りです。「原価積算」と呼ぶ場合もあります。営業積算の積算項目を工事業者・資材納入業者ごとに仕分け・集約し、営業積算の単価から発注単価に置き換え、それぞれの発注業者別に積算します。ここで算出した金額を予定発注金額として工事実行予算を策定し、それに従って工事発注を行うことが基本的な流れです。

資材に関しては、資材納入業者と価格の取り決めが行われていて、数量が単純に拾えるもの（外部建具、内部建具やシステムキッチン等の住宅設備機器など）は、ここで算出した金額と資材納入業者からの見積金額に違いはないはずです。一方、この段階では詳細な数量拾いができず、資材納入業者が数量を拾い出す必要がある資材（構造材や羽柄材等）

の正式な発注金額は、資材納入業者が作成する見積書が提出された後に確定します。

　「営業積算」と「工事積算」は、本来は別物であり、それぞれの目的に合わせた項目の設定・体系（営業積算は施主にわかりやすく、追加・変更したときの対応が簡単な体系とし、工事積算はそれぞれの発注業者に発注しやすい体系）となるべきであり、おのずから積算項目の密度も異なります（工事積算の方が詳細）。しかしながら、この2つの積算項目を同じにすることにより、工事項目の整合性が保たれ、積算に掛かる手間も軽減できるので、同じ体系で一連の流れとした方が運用しやすくなります。営業積算を部位別とし、工事積算を工種別としてそれぞれの使用目的に従った別体系とした場合、発注金額の改定に併せて、その都度、営業積算の単価を整合させていくことに膨大な手間が掛かります。その結果、手つかずの状態で放置してしまい、とどのつまりは営業積算と工事積算を同じ工種別の体系に戻しているケースも多いのではないでしょうか。

2 見積りの体系

（1）木造住宅の見積り体系

　木造住宅の見積りでは決まった体系や書式は確立されていません。多くの工務店でコストダウンや原価管理のコンサルティングをしてきましたが、それぞれが個性的な見積りを作成していて、最初の作業は各工務店の見積りの体系・構成・内容を理解することでした。

　本書では図7のとおり、木造住宅にふさわしい工種別の見積り体系を設定しました。木造住宅において一般的・普遍的であり、単純でわかりやすい構成とすることを目的に設定しています。この見積り体系が意図することは、建築本体工事とその他の工事（付帯工事、別途工事）を明確に区分して、施主の工事予算の管理をわかりやすくすることです。それぞれの工事区分の定義は次の通りとなります。

①建築本体工事（建築工事と設備工事）

　建物本体に付随する必然的で定型的な工事で、建築工事と設備工事に大別できます（表4）。

②付帯工事

　建築本体に必ずしも付随しない工事、敷地条件等により金額が変動する工事です。

③別途工事

　施主が直接支払う公的な工事（給排水取出工事、電気引込工事、ガス引込工事等）です。

2　木造住宅の見積りの種類と体系

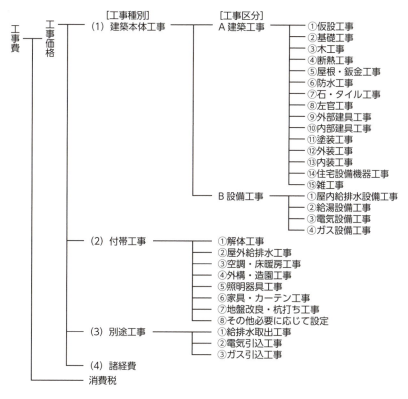

▶図7　木造住宅の見積り体系

▶表4　建築本体工事の構成

区分			主な項目
建築本体工事	建築工事	①仮設工事	水盛遣り方、外部足場、養生費
		②基礎工事	布基礎、ベタ基礎工事
		③木工事	構造材、造作材、大工工事
		④断熱工事	床下、壁、小屋・屋根断熱工事
		⑤屋根・鈑金工事	屋根葺き、樋工事
		⑥防水工事	バルコニー防水工事
		⑦石・タイル工事	ポーチタイル張り工事
		⑧左官工事	外壁モルタル、漆喰塗工事
		⑨外部建具工事	玄関ドア、アルミサッシ
		⑩内部建具工事	内部木製ドア、障子・襖
		⑪塗装工事	外壁吹付け、内部塗装工事
		⑫外装工事	サイディング工事
		⑬内装工事	壁・天井クロス、クッションフロア貼り工事
		⑭住宅設備機器工事	キッチン、システムバス工事
		⑮雑工事	他の工事に含まれない資材・工事
	設備工事	①屋内給排水設備工事	給排水配管工事
		②給湯設備工事	ガス給湯器、電気式給湯器
		③電気設備工事	配線、弱電、換気工事
		④ガス設備工事	ガス配管工事

施主が工務店から提出された見積りの妥当性の判断をするときは、坪いくらかを判断基準とすることがあります。例えば、A社は坪50万円、B社は坪65万円という2つの見積りがあったとします。この情報だけなら、施主はA社を選ぶでしょう。しかし、A社の見積りには外構工事、家具工事等の付帯工事や別途工事は含まれず、詳細決定後の追加見積りで対応し、B社の見積りにはすべて含まれていたとすれば、総額としての価格の優劣は変わる可能性があります。B社のように付帯工事や別途工事に関わる工事費が建築本体工事と一切合切まとまっている見積りの場合、施主は見積金額に含まれる工事内容の違いがわかりにくくなります。施主に公正な判断をしていただくためにも、明確な区分定義が必要になります。

(2) その他の見積り体系

　先に「部位別見積り」について触れましたが、ここで簡単に解説します。この部位別見積り体系（図8）は、昭和43年に当時の五会連合※が提唱したものです。

　その後、これに類するいくつかの書式が提唱されており、表5はその一例です。部位別見積りにすると内部仕上げ工事が室別になるので、各室の仕上げ材の金額がわかりやすく、施主との設計打合せ用とするのには適しています。しかし、工事発注にはそのまま連動できないので、実行予算を組む時に工事項目の組み換えが必要となります。一部の小規模リフォーム工事では使われていますが、新築工事の採用実績はほとんどありません。

　以上のような理由により、本書では図7の木造住宅に相応しい工種別の見積り体系に

▶表5　部位別見積りの構成

区分		主な項目
仮設工事		水盛遣り方、外部足場、養生費
基礎工事		布基礎、ベタ基礎工事
躯体・木工事		構造材、大工工事
外部仕上工事		屋根葺き、外装工事
建具工事		外部建具、内部建具工事
内部仕上工事	A室〜X室	室別の床・壁・天井等の内装仕上工事
その他工事		他の工事に含まれない資材・工事（雑工事）
屋内設備工事		住宅設備機器、給排水配管、電気設備、ガス設備工事
付帯工事		解体工事、屋外設備工事、その他

2 木造住宅の見積りの種類と体系

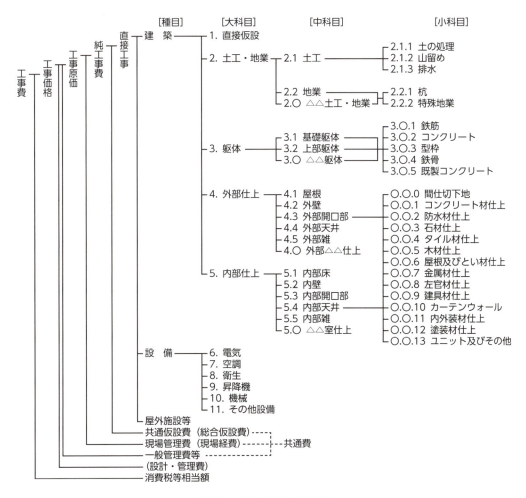

▶図8　部位別見積り体系

従って解説します。

※五会連合（呼称は当時）：（財）建築業協会、（社）全国建設業協会、（社）日本建築家協会、（社）日本建築学会、（社）日本建築士会連合会

　また、ゼネコンが手掛けるような非木造（鉄筋コンクリート造、鉄骨鉄筋コンクリート造等）の大規模な建築工事では、工種工程別の積算体系が定められています（図9）。これをそのまま木造住宅の見積りの体系として採用するには科目の構成に違和感を感じます。この積算体系をもとにして木造住宅にふさわしい見積り体系を用意した方が良いと考えます。

2　木造住宅の見積りの種類と体系

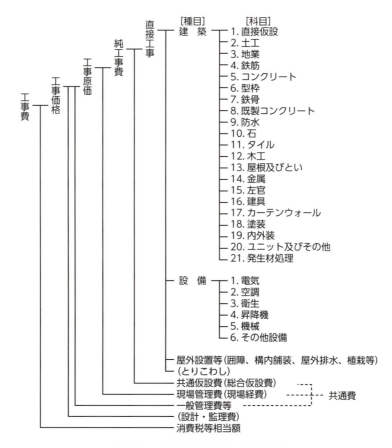

▶図9　大規模建築工事の積算体系

3　工種別見積り体系の工事区分

(1) 建築本体工事の構成

　建築本体工事とは、建物の本体に付随する必然的で典型的な工事です。建築工事と設備工事より構成されます。

A. 建築工事　仮設工事から雑工事までの15の工種工程

①仮設工事

　オフィスビルやマンション、公共建築などのゼネコンが手掛ける大規模な建築工事では、共通仮設（工事全般に関わる仮設）と直接仮設（特定の工事に関わる仮設）に仕分け

します（表6）。

一方、木造住宅ではこの2つの仮設工事の区別は行わず、仮設工事としてまとめて計上することが多く、本書でもそのように扱います。

水盛遣り方や外部足場、仮設水道、仮設電気等が含まれます。

②基礎工事

建物本体の下部構造物をつくる工事で、文字通り基礎工事業者が施工する工事です。ただし、地盤改良や杭打ち工事は工事金額も大きくなるため、付帯工事として計上する方が施主への費用の説明がしやすくなります。原価管理上もその方が好ましいと考えます。

③木工事

大工の手間代から構造材、羽柄材、造作材等の材料費まで含む、幅広い範囲となります。大工が取り付ける木材や木質系建材が対象と考えるとわかりやすいでしょう。

建具工事業者が内部建具の製作を行う場合は、建具枠の造作は大工が行うため、建具枠の材料費・施工費は木工事で計上します。一方、工業製品化された吊り込み建具を採用する場合は、建具枠と建具はセット販売されるため、建具枠の材料費は内部建具工事とし、

▶表6　大規模建築工事の仮設工事の内容

区分	項目	内容（抜粋）
共通仮設	準備	敷地測量、敷地整理、道路占用料、仮設用借地料、その他準備に要する費用
	仮設建物	現場事務所、倉庫、下小屋、宿舎、作業員施設
	工事施設	仮囲い、工事用道路
	環境安全	安全標識、消火設備等の施設の設置、安全管理・合図等の要員、隣接物等の養生
	動力用水光熱	工事用電気の設置・使用料金、給排水の設置・使用料金
	屋外整理清掃	屋外・敷地周辺の清掃、後片付け、屋外発生材の処分
	機械器具	共通的な工事用機械器具（測量、揚重機械等）
	その他	材料および製品の品質管理検査費用、その他
直接仮設	水盛・遣方	基準となる水平を定める
	墨出し	壁・仕上げの基準となる基準線を墨でしるす
	外部足場	高所作業のための屋外部分の足場
	内部足場	高所作業のための屋内部分の足場
	機械器具	工事を行うのに必要な機械器具
	災害防止	防護ネット、滑落防止柵
	養生	床・壁等の養生、家具の養生
	屋内整理清掃	屋内の清掃、後片付け、屋内発生材の処分
	仮設運搬	仮設材料の運搬費

注：木造住宅では共通仮設工事と直接仮設工事をまとめて、仮設工事として計上することが多い

取付手間のみを木工事で計上します。

　その他、フェルト状・ボード状の断熱材を使用する断熱工事は、材料は断熱工事で計上しますが、取り付けは大工工事となるので施工費を木工事で計上します。小屋裏収納はしごや床下収納庫は、取り付けに関わる大工工事を木工事で計上し、材料は雑工事とします。

④断熱工事

　一時代前の見積書では、断熱工事は木工事ないしは雑工事の一部とされていましたが、省エネルギーに関する基準がどんどんレベルアップしてきており、断熱は住宅建築の中で重要な要素となってきました。そのような観点より、本書では断熱工事を工事区分の一つとしています。

　対象は基礎、床下、壁、天井・小屋裏の断熱工事です。グラスウールやロックウール等のフェルト状およびボード状の断熱材は材料費のみ計上し、取付手間は木工事（大工工事）となります。吹込み用の断熱材や現場発泡系の断熱材は、材工での発注となりますので、断熱工事で計上します。

⑤屋根・鈑金工事

　一般的には屋根工事業者が行う工事で、屋根葺き工事と鈑金工事および樋工事が含まれます。屋根工事にはルーフィングの張り込み工事も含まれます。

⑥防水工事

　木造住宅ではバルコニーの防水工事（多くはFRP防水）が対象です。

　外部サッシの防水テープは、大工が施工するため木工事となります。外壁や屋根の防水紙貼り工事は、それぞれ左官工事または外装工事（サイディング工事）および屋根工事で計上し、防水工事では計上しません。

⑦石・タイル工事

　玄関ポーチのタイル張り工事や外壁レンガ等の仕上げを行う場合に計上します。浴室がシステムバス（ユニットバス）となり、キッチンパネルが主流となっている今日では、その工事範囲も随分狭まりました。

⑧左官工事

　外壁をモルタル下地とする場合に計上します。外壁の防水紙の張り込み工事も含みます。

　内装に関しては、和室を京壁やジュラク壁で仕上げる場合は左官工事となりますが、大

壁構造が一般的になってからはビニルクロス壁仕上げが主流となり、左官仕上げは一時期ほとんどなくなりました。それに替わって最近の傾向として健康志向や自然系の材料が好まれてきているため、洋室の仕上げも含めて漆喰塗りや珪藻土仕上げが増えてきています。これらの塗り壁は左官工事となります（塗装工事業者が行う場合は塗装工事）。

⑨外部建具工事

玄関ドア、勝手口ドア、アルミサッシ等が対象ですが、これらの取り付けは大工工事となるので、ここでは材料費のみの計上となります。金属製建具工事という名称を使う場合もありますが、木造住宅では木製の玄関ドアや、樹脂製サッシや木製サッシおよびこれらを複合したサッシを使う場合も多いので、外部建具工事というまとめかたの方が適切です。

国内で生産しているアルミ製や樹脂製、またはその複合サッシの場合、工場で生産されたサッシ枠やサッシ障子が、これらの製品を扱っている販売代理店に納入され、販売代理店がガラスの調達と組み込みを行い、それぞれの建築現場に出荷することが一般的です。この流れに従って、販売代理店が工務店に提出する見積書は、サッシ枠＋サッシ障子とガラスの費用を明細で積算している場合があります。一方、工務店が施主に提出する見積りでは、これらを複合した積算項目とする方が単純でわかりやすく、一般的です。

⑩内部建具工事

内部の木製ドアや障子、襖等が対象となります。建具工事業者が建具を製作する場合や、表具店や経師（きょうじ）が障子、襖を製作する場合は、建具本体と吊り込みを含んだ材工工事をこの区分で計上します。建具枠は材料と手間のどちらも木工事となります。メーカー品（工業製品）である吊り込み建具を採用する場合は、内部建具工事では枠と建具本体の材料費を計上し、吊り込みは大工工事となり木工事で計上します。

⑪塗装工事

外壁や軒天を塗装仕上げ（下地はモルタル、乾式無塗装板等）とする場合が対象となります。一般的には吹付けおよびローラー塗りがあります。

建物内部に関しても塗装工事を行う場合は対象となります。建具や造作材のプレフィニッシュ化（工場で塗装仕上げを行って建築現場に搬入）が進み、めっきり現場で塗装することが減ってきました。

ドライウォール工事の場合は、下処理（ジョイントテープ貼り、コーナービート取り付け、パテかい等）を塗装職人ではなく専門のパテ職人が行う場合もありますが、営業積算

では塗装工事に含みます。

　漆喰仕上げや珪藻土仕上げは左官工事となる場合も多いと思いますが、塗装工事業者が行う場合もあり、この場合は塗装工事となります。

⑫外装工事

　窯業系や金属系の外壁サイディングを採用する場合は、外装工事で計上します。外壁防水紙貼りや胴縁材の取り付けも通常は外装工事業者が行う場合が多いので、この区分に含みますが、大工工事となる場合は木工事となります。

⑬内装工事

　内装工事は壁・天井と床に分けられます。壁・天井では石膏ボードのパテかい工事やクロス貼り工事が対象です。珪藻土や漆喰等の湿式の内壁仕上げの場合は、左官工事か塗装工事とします。

　床は畳、フロアタイル、クッションフロア、じゅうたん、カーペットなどが対象です。木製フローリングは内装工事ではなく木工事で計上します。

⑭住宅設備機器工事

　システムキッチン、システムバス、洗面化粧台、便器、洗濯機防水パン等が対象です。システムバスは据え付けまでの材工工事となります。システムキッチンの据え付けをキッチンの納入店で行う場合は材工工事となりますが、大工等が行う場合は、ここでは材料費のみを計上して、据え付けは該当する職方の工事区分（木工事等）とします。洗面化粧台や便器など、その他の住宅設備機器は材料費を対象として、据え付けに掛かる費用は屋内給排水設備工事となります。また、これらに関わる給排水配管工事や電気配線工事はそれぞれの工事区分（屋内給排水設備工事、電気設備工事等）で計上します。

　これらの住宅設備機器は雑工事で計上している例もありますが、住宅の重要な構成要素として施主の関心が高く、グレードやデザインの選択幅も広いので、個別の大区分とすることで施主にとってもわかりやすく、また内容変更後の管理も容易になります。

⑮雑工事

　雑工事とは、床下収納庫や小屋裏収納はしご、押入れ収納スペースに設置するハンガーパイプなどの建築本体工事の他の工事区分に含むことに違和感のある種々雑多な材料や工事をまとめておくための工事区分です。

　断熱材やシステムキッチン、システムバス、洗面化粧台等の住宅設備機器などを雑工事として計上している場合もありますが、本書ではその対象を極力絞っています。断熱材に

関しては、近年の省エネ基準の進展にあわせて「断熱工事」として工事の大区分の一つとしました。住宅設備機器に関しては、「住宅設備機器工事」という区分で計上することは前記のとおりです。

　また、防蟻工事を仮設工事や基礎工事、木工事等の工事区分としている場合も見受けられますが、これらの工事区分の範疇ではないと考え雑工事とします。しかしながら、防蟻工事を独立した工事区分とすることを検討する必要があるかもしれません。

B. 設備工事　建物本体に関わる給排水・電気・ガス等の設備工事

①屋内給排水設備工事

　建物周囲から1m以内の給排水設備配管工事を対象とします。宅地内の1mを超える配管工事は「屋外給排水工事」として付帯工事の一つとし、詳しくは、33ページの給排水設備工事の区分定義で解説します。

　本管からの給排水取出工事は、基本的に施主が水道局や下水道局に申込み・支払いを行うので、別途工事とします。

②給湯設備工事

　給湯器の熱源は、ガスと電気に大別されます。そして、それぞれの方式でさらに数多くの種類があります。最近では、省エネに対応した機種（エコジョーズ、エネファーム、エコキュートなど）もあり、その中でも貯湯式の機種、床暖房対応機種など種類が多様化しています。これらは給排水設備工事や電気設備工事で計上している場合が多いと思いますが、本書では「給湯設備工事」として独立した区分とし、機器のみを計上しました。給湯器の機能がますます複雑になってきており、施主に内容と価格の違いをわかりやすく明示することが狙いです。

　据え付けの手間は、ガス給湯器の場合はガス設備工事、電気式の給湯器の場合は電気設備工事で計上します。

③電気設備工事

　建物本体に関わる電気配線工事（電灯配線、スイッチ、コンセント等の材工工事）および換気扇工事が対象です。

　基本照明と呼ばれる廊下、階段、洗面室、便所等の照明器具に関しては、通常は必然的に取り付けられる場合が多いのでこの区分に含みます。ただし、最近ではこれらの照明器具に関しても嗜好性によって選ばれるようになってきました。その場合は付帯工事の「照

明器具工事」で計上します。

居室の電灯配線工事はシーリング止めまでとし、そこに取り付ける照明器具は家具・カーテンと同様に施主が直接購入する場合やグレードによる価格差も大きいので、付帯工事の「照明器具工事」に計上します。

空調機器に関しては施主が量販店等で直接購入する場合や、方式・機能による価格差が大きいため、付帯工事の空調工事とし、ここでは計上しません。

エコキュート等の電気系の給湯器は材料費を給湯設備工事で、据付手間は電気設備工事で計上します。

電力会社が行う幹線からの引込工事は、施主が電力会社と直接契約する工事となるので別途工事となります。

④ガス設備工事

ガス会社が行う建物本体に関わるガス配管工事です。給排水工事と異なり、宅地内の配管工事も対象とします。

ガス本管からの取出工事は、別途工事とし、ガス給湯器は材料費を給湯設備工事で、据付手間をガス設備工事で計上します。

(2) 付帯工事の構成

建物本体に必要不可分な工事ではなく、敷地条件などさまざまな要因で内容と金額が大幅に変動する工事が対象です。建築本体工事と別計上することで、施主の予算管理を容易にします。家具・カーテンなど一部に関しては施主が自ら購入・手配をする項目も含まれます。

①解体工事

建物の解体で発生する廃材は産業廃棄物であり、法律を遵守して処理を行う責務があります。元請けの責任の厳格化、マニフェスト制度の義務化等により、一昔前に比べると解体費用が相当掛かるようになってきました。

解体工事は既存住宅の解体であり、新たに建築する工事ではないということや、既存の状態により費用に大きな差が出ることがあるため、本体工事で計上すると見え掛かり上、建物本体が高くなっているように錯覚することなどもあり、付帯工事として本体工事から切り離します。

②屋外給排水工事

　宅地内の建物周囲から1m超の部分の給排水配管工事を「屋外給排水工事」として付帯工事に分類します。本管からの取出工事は、別途工事とします。

③空調・床暖房工事

　全館空調や各室ごとの個別空調などがあり、最近では高効率の省エネ型空調機も普及してきています。工務店で受注する場合と施主が家電量販店等に直接発注する場合もあるため、付帯工事とします。

　床暖房は、電気方式と温水方式（ガス）がありますが、いずれの場合も付帯工事として計上します。

④外構・造園工事

　門扉・フェンス・塀等の外構工事と、植栽・芝張り等の造園工事で構成されます。玄関ポーチ工事は建築本体工事の基礎工事およびタイル工事や石工事となりますが、外構工事業者が行う前面道路からアプローチまでの工事は外構工事となります。また、カーポートに関わる工事も外構工事とします。

　造園工事は、樹種や植栽密度等によって工事費用が大きく変わります。枯れ木保証の金額も加算されることもあります。また、本体引き渡し後数年を経て工事を行う場合や、ガーデニングブームにより施主自身が工事を行う場合もあり、本体工事の予算管理から切り離す必要があるため、付帯工事とします。

⑤照明器具工事

　インテリアをトータルでデザインする上での重要な構成要素で、インテリアコーディネーターが提案する場合もあります。施主が家電量販店やネットで購入する場合も最近では増えてきています。デザインやグレードによる価格差も大きく、付帯工事とします。

⑥家具・カーテン工事

　家具は、置き家具の場合と造り付け家具の場合があります。置き家具とはダイニングテーブルやソファなど完成品の状態で販売されているものを指します。ヨーロッパの高級家具から量販店の普及家具まで、金額に大きな開きがあります。施主が所有している既存の家具を再利用する場合もあり、付帯工事とします。

　大工が工事現場で造り、設置する造り付け家具は木工事、収納家具など家具工場で製作してから現場に設置するような造り付け家具は雑工事とします。

　付帯工事として計上するカーテン工事は、カーテン生地を加工し設置する工程です。

カーテンを設置するのに必要なカーテンボックスやカーテンレールは、一般的なものは木工事や雑工事とすることが多いですが、特殊なデザインを施したものなどは付帯工事とする場合もあります。

⑦地盤改良・杭打ち工事

軟弱地盤の場合、地盤改良や杭打ち工事が必要となります。高い耐震性能が求められる時代になり、一時代前に比べるとこれらの工事を行うケースが多くなっています。木造住宅の場合、地盤の表層改良や柱状改良が多く採用されています。専門業者による地盤調査を行い、工事の内容を詰めた後に専門業者から工務店に見積書が提出されます。

(3) 別途工事の構成

施主が直接申込み、支払う必要のある以下の工事です。施主が予算管理しやすいように、別途工事として見積書に記載します。施主が直接申し込むといっても、実際には工務店が手配することが多いようです。

①給排水取出工事

各自治体の水道局・下水道局の指定業者が行う、前面道路に埋設してある本管から宅地内への取出工事です。

②電気引込工事

電力会社が行う、幹線から建物への引込工事です。

③ガス引込工事

ガス会社が行う、前面道路のガス本管から宅地内へのガス引込工事です。

(4) 以上に含まれない原価項目

敷地・地盤調査や設計料、各種申請料（建築確認申請、長期優良住宅申請等）を工事原価に含むべきか、工事原価の枠外で扱うのかに関しては議論のあるところです。本書では、これらはそれぞれ個別的に受発注しなくてはいけない項目であり、工事原価の枠外で管理するという考え方を採っています。工事原価は、あくまでも建築現場で発生する工事項目を管理するもので、その他の要素を入れ込むと粗利益率の妥当性の判断に支障が出てしまうことがその理由です。

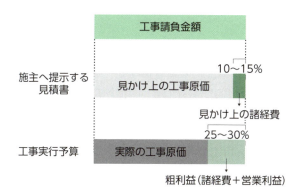

▶図10　工事原価と諸経費の定義の違い

(5) 諸経費の構成

　施主に提出する木造住宅の見積書では、粗利益の一部を諸経費として計上し、残りの粗利益を工事原価の単価に含ませている場合が多いと思われます（図10）。

　実際には施主に計上する諸経費率（ここでは粗利益の一部）は10～15％程度とし、工事原価に含む粗利益と合わせて25～30％程度確保している工務店が多いのではないでしょうか。施主に提示する諸経費率をいくらにするかは、工務店の裁量となります。ある工務店では、設計打合せに手間が掛かるフリー設計対応は15％、手間が省ける規格タイプでは10％としている事例があります。実際の粗利益率もその相当分の差異（例えばフリー設計で30％、規格タイプで25％）を生じることになります。

　これは、13ページで解説した本来の諸経費の定義と異なりますが、工務店を運営していくために必要な費用が認められない風土（施主にこんなに儲けているのかと思われ、値引きの材料にされてしまう）に起因しています。最近では、必要な諸経費と営業利益を見積書にきちんと計上（工事実行予算の構成内容を明示）している工務店も増えています。

4　給排水設備工事の区分定義

　給排水工事は、「屋内給排水工事」と「屋外給排水工事」および「給排水取出工事」に分離して計上します。それぞれの定義は、先に解説した通りですが、重要なポイントですので再度まとめることにしました（図11）。

①屋内給排水工事

建物内部の給排水工事で建物周囲1mまでの工事を含みます。建物本体に関わる工事の一つなので建築本体工事の設備工事に分類します。

②屋外給排水工事

建物外部で宅地内の給排水工事です。建物周囲1mまでは屋内給排水工事とするので、建物周囲から1mを超えた部分から水道メーターまでの工事です。敷地の形状、大きさ、建物の配置・平面計画による工事費の変動要因が大きいので、付帯工事に計上します。

③給排水取出工事

前面道路に埋設された給排水本管から宅地内の水道メーターまでの給水管の接続工事および宅地内の最終ますと下水本管との接続工事を計上します。これらの工事は、原則として管理する自治体の指定業者へ施主が直接工事発注・契約することとなるので、施主の総予算の管理をわかりやすくするため、別途工事で計上します。

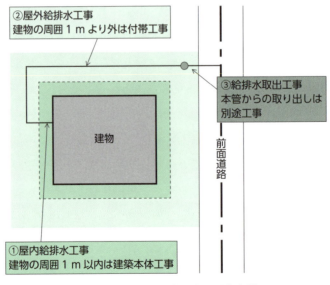

▶図11　給排水設備工事の区分定義

3　見積りの基本原則

　積算とは何か、見積りとは何かの定義をしたいと思います。積算とは「算出した数値を積み上げる」ことです。この定義を建築に当てはめると、設計図面や仕様書および工事現場の状況をもとに工事項目を羅列し、必要数量を拾い出し、それぞれの単価を掛け合わせたものを積み上げるという行為になります。その積算結果に諸経費などを加えた成果物として見積書が出来上がります。

　積算や見積りをする際には、工事項目の設定の仕方や数量の拾い方に一定のルールを設けないと、同じ建物でも全く違う見積書になってしまいます。ここからは、そのルールを改めて確認していきます。

1　数量と単価の単位

　積算は仮説の条件を基に拾い出した数量と単価の積上げです。例えば、内壁クロス貼り工事は、図面から該当する内装仕上げ面積を算出し、1m²当たりの材工共単価を乗じて金額を算出しますが、実際の工事では、内装工事業者は壁装材をロール単位で仕入れ、職方には日当たりで賃金を支払っているのですから、積算で求めた数量・単価と実際に発生するものとは不整合となります。さらに、現場ごとの設計内容・規模・立地条件・職人の技量・段取り等によって実際の工事費は変動します。大工工事においても延床面積当たり単価（円/坪、円/m²等）を用いて積算しますが、大工の技量やそれぞれの施工現場の条件により、実際に掛かる工事費は異なります。そして、これら実際に発生した原価は、工事が完了した後でなければ掌握できないので、受注前に施主に提出する見積書のよりどころにすることは不可能です。

　従って、施工現場ごとの諸条件の違いを包括した標準的（多分に平均値的）な積算単価を類推して設定することとなります。数量に関しても実際に施工現場で発生する数量ではなく、誰でも簡便に設計図から拾える数量を採用します。

　本書の積算基準のレベルを図12に示しました。実際の発生レベルや詳細項目の積上げ

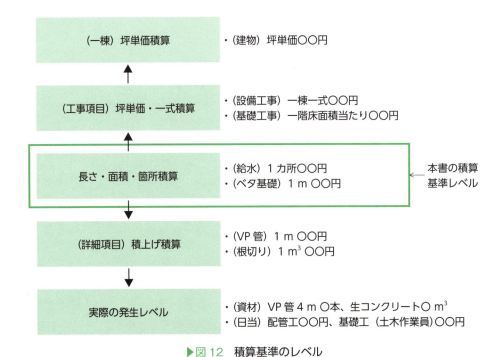

▶図12 積算基準のレベル

ほど細かくなく、一棟の坪単価積算のように大ざっぱでもなく、積算の拾い作業にそれほどの負担が掛からず、施主や下請け業者との共通の物差しとなるレベルに設定しています。

2 数量算出基準

木造住宅の数量の算出、数量の拾いは、単純化されていてわかりやすい基準とする必要があります。施主・工務店・下請け業者が共通の定義で認識できることが基本です。積算の数量（設計数量）と工事で実際に発生する数量（施工数量）との差は、それぞれの単価に含まれているという前提のもと、次の点に注意して数量を拾います。

①**設計数量とし、割増はしない**

設計数量とは、設計図書の寸法を基にして算出した数量です。その他の数量算出方法としては、工事で実際に発生する数量（施工数量）、設計数量を基にある程度のロスを見込んで算出する数量（所要数量）等もありますが、木造住宅の積算では設計数量とすること

▶表7 さまざまな数量算出方法

設計数量	設計図書の寸法を基に算出	誰が拾っても同じ数量
施工数量	工事で実際に発生する数量	工事ごとに数量が異なる
所要数量	ロスを見込んだ数量	ロスの考え方が不定

▶図13 芯々寸法の考え方

が基本です（表7）。理由は、設計数量は設計図書から数量を単純に拾い出すので、誰が拾っても同じ数量となるのに対し、施工数量は建築現場や積算担当者によって数量の見方が異なる場合があり、最終的にはそれぞれの工事が完了しないと数量が確定できないからです。所要数量としてロスをどれ位見込むのかも、同様の理由から木造住宅の積算で採用するのは不適切です。

②**壁の芯々寸法で算出する**

外壁面積や床・内壁・天井の仕上げ面積等は、壁の芯から芯までの寸法（芯々寸法）を拾って算出します（図13）。実際は外壁両端のコーナー部分は壁の厚さの半分程度、外壁寸法が延びています（外壁の外面寸法）。反対に内壁の両端部は壁の厚さの半分程度、内壁の長さが短くなりますが（内法寸法）、木造住宅では積算作業を単純化するために、壁の芯々寸法で数量を算出することが一般的です。

③**単位数量当たりの金額が高い場合は、実寸法で算出する**

大理石等の単価が高い材料を使用する場合は、壁芯ではなく、実寸法で計算します。

④**開口部の面積は建具の呼称寸法で差し引く**

外壁面積や内壁の仕上げ面積を算出するためには、外部建具や内部建具の開口面積を差し引く必要があります。この面積は建具の呼称寸法で計算します。例えば外部サッシの呼称寸法が16520の場合、$1.65m × 2.0m = 3.3m^2$ になります（図14）。

⑤**数量計算は小数点以下第2位を四捨五入して、小数点以下第1位までを積算数量とする**

積算数量の小数点以下を1桁にした場合と2桁にした場合、住宅1棟での金額差は、ほとんどの場合1万円未満、すなわち0.05%程度未満となります。小数の計算は手間が掛かり、積算の効率を鑑みると小数点以下第1位までの数量で十分だと考えます（図14）。

計算の結果、小数点以下の数値が続くような場合は、小数点以下第3位の数字を切り捨

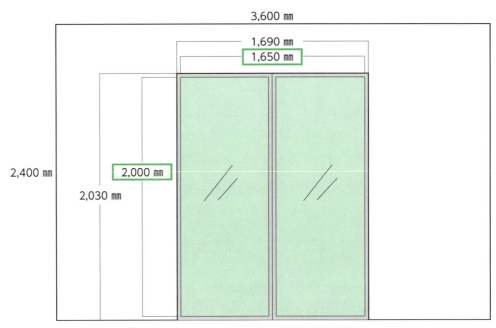

サッシの呼称寸法（内法寸法）は 16520＝幅 1,650 mm × 高 2,000 mm
サッシの実寸法は幅 1,690 mm × 高 2,030 mm（開口面積の算出には使わない）

【内壁面積の算出】
内壁高さ × 幅 − 開口面積（サッシの呼称寸法）
$2.4 m × 3.6 m − (1.65 m × 2.0 m) = 5.34 m^2$
（小数点以下第2位を四捨五入）
$= 5.3 m^2$

▶図14　開口面積の算出方法と小数点以下の数量の扱い

てて積算数量を求めます。例えば、1.44519…と数字が続く場合には、小数点以下第 3 位の数字を切り捨てて 1.44 とし、これを積算数量とするために小数第 2 位を四捨五入して 1.4 とします。数量が 0 未満になる場合は有効 2 桁（0.0124 の場合は 0.012）を積算数量とします。

3 施工床面積

仮設工事の養生費、木工事の大工工事（建て方工事・造作工事）等は延床面積を積算数量とすることもあります。

建築基準法で定められた延床面積の算出方法は、吹抜けや出幅が 2m 以下の部分のバルコニーが算入されない等、実際は工事が行われるのに対象とならない部分があり、それをそのまま積算数量とするのは不適切と考えられており、施工床面積という定義を行い対応している場合があります。

ただし、実際には施工床面積に明確な定義がある訳ではなく、それぞれのハウスメーカーや工務店で独自の定義を行っています。本書では、実際は工事の対象となるこれらの部分を考慮し、施工床面積の対象部位を表 8 のように定義しました。

このような単位や数量拾い基準を施主・工務店・下請け業者が共有しておく必要があります。以前、コンサルティングした工務店の見積書チェックを行った際に、工務店と内装工事業者との積算数量が大幅に乖離していたことがありました。工務店が確認したところ、工事業者は工事上発生するロスを充当するために開口部の面積を差し引いていないと

▶表 8　施工床面積の対象部位

部位	内容	建築基準法の延床面積	施工床面積（本書の定義）
ポーチ	屋外部分	×	○
階段室	それぞれの階での算入	○	○
吹抜け	床がない部分	×	○
小屋裏収納	直下の階の床面積の 1/2 以下、最高高さ 1.4m までの場合	×	○
バルコニー	出幅 2m までの部分	×	○
出窓	床面から 30cm 以上、出幅 50cm 未満等	×	○

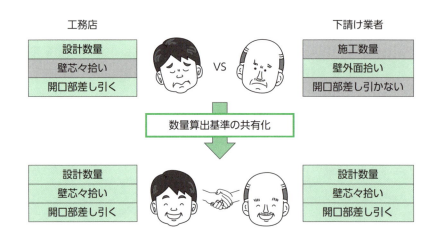

のことでした。私が指摘するまで工務店の積算担当者も工事担当者もその事実に気が付いていませんでした。これでは、厳格な原価管理ができるはずがありません。基準を共有するということは、お互いが共通言語で話すということであり、原価管理における基本中の基本であるという認識が必要です。

4 見積りに用いる単価

(1) 見積単価の設定

原価3要素でも解説した通り、住宅の価格は材料費と労務費と粗利益から成り立っています。単価を設定する際にはそれぞれの工事項目がどの単価区分なのかを意識しなければなりません。工種によっては、材工共単価として計上するものもあり、その価格に何が含まれているのか、含まれていないのかを精査する必要があります。

ほとんどの工務店は自社の単価を設定していると思いますが、その単価の見直しはどのくらいの頻度で行っているでしょうか。材料単価は市場の動きによって価格変動が激しいものがあります。職方の労務費も建設産業に携わる人手の過不足によって単価が変動していきます。作業方法によって労務単価が違ってくる場合もあります。その単価が実勢に合っているかどうか、現在の作業方法を反映したものかを年に何回か見直しする機会を持つことが必要です。

　これまでに扱ったことのない資材の単価は、業者見積りやメーカーのカタログや積算資料の単価を参考にします。ただし、メーカーのカタログ掲載価格は定価であり、通常の取り引きでは割引が入るため、それを積算単価として使用する場合には割引されることを考慮して単価を設定する必要があります。住宅用に『積算資料ポケット版　住宅建築編』などの価格情報誌が毎年発売されています。その時の市況に合わせた単価が掲載されているので、参考になります。

(2)『積算資料ポケット版　住宅建築編』の活用

　この資料は、一般財団法人経済調査会が独自にネットワークを有する全国の工務店や、資材メーカー・納材店から得た情報をまとめた価格情報誌です。住宅の設計・施工を手掛ける設計事務所や工務店が、施主向けの見積書を作成する際に活用する価格資料であり、新築工事に必要な工事を35の工種に分類して材料価格や工事価格を掲載しています。価格の動向のみならず、より使いやすくするための構成・内容の見直しや、その時々の社会情勢を踏まえて適宜重要な情報を取り上げています。使い方の要点は次の3点です。

①価格表示

　それぞれの金額が、材料費なのか労務費なのか、それとも材料費と労務費を複合した材工共単価なのかの定義を確認してください（図15、A）。材工共単価はそれのみでその工事に掛かる金額が算出できますが、材料費のみの場合それに関わる加工や組み立てに関わる労務費も併せて計上しないと片手落ちとなります。

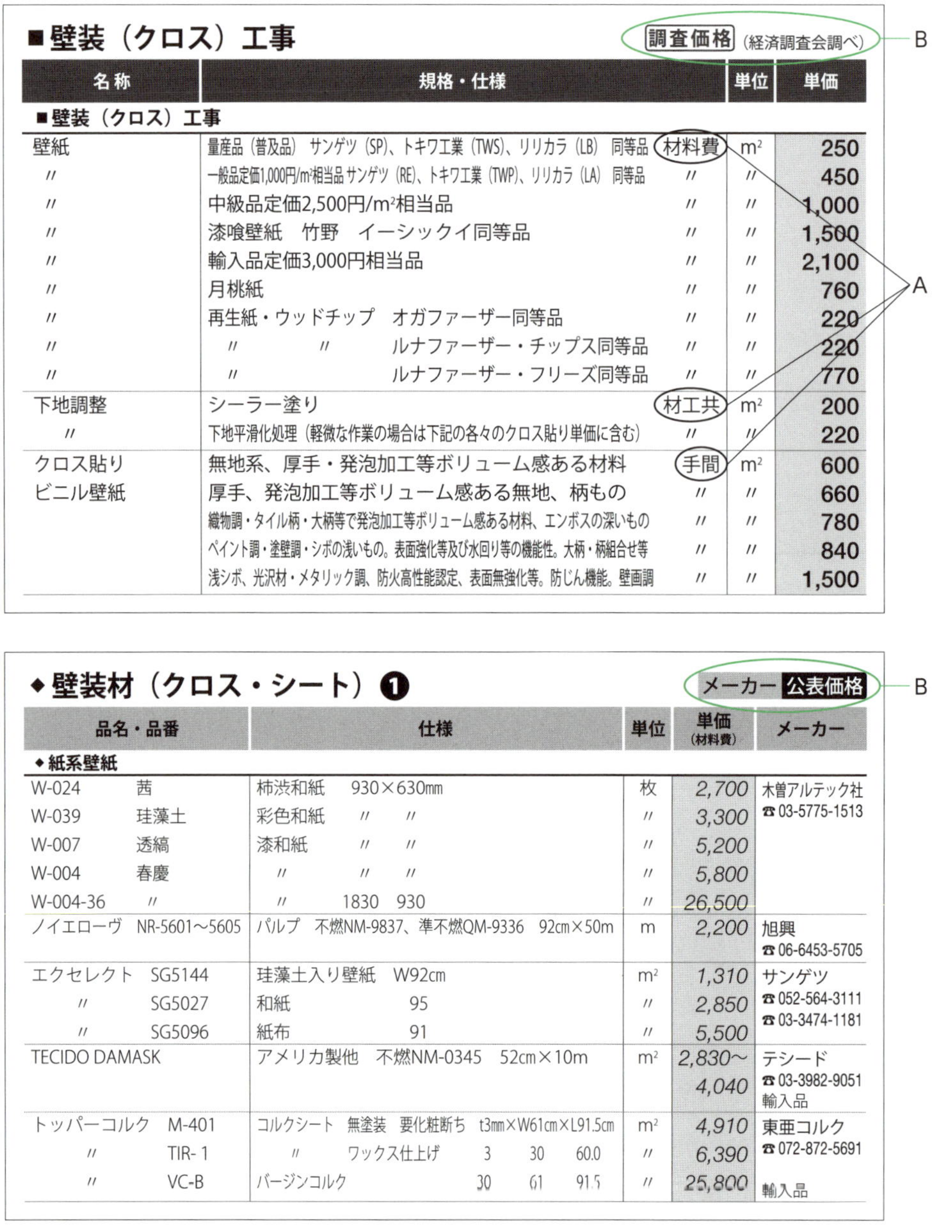

■壁装（クロス）工事

調査価格（経済調査会調べ） — B

名称	規格・仕様		単位	単価
■壁装（クロス）工事				
壁紙	量産品（普及品）サンゲツ（SP）、トキワ工業（TWS）、リリカラ（LB）同等品	材料費	m²	250
〃	一般品定価1,000円/m²相当品 サンゲツ（RE）、トキワ工業（TWP）、リリカラ（LA）同等品	〃	〃	450
〃	中級品定価2,500円/m²相当品		〃	1,000
〃	漆喰壁紙　竹野　イーシックイ同等品		〃	1,500
〃	輸入品定価3,000円相当品		〃	2,100
〃	月桃紙		〃	760
〃	再生紙・ウッドチップ　オガファーザー同等品		〃	220
〃	〃　　〃　　ルナファーザー・チップス同等品		〃	220
〃	〃　　〃　　ルナファーザー・フリーズ同等品		〃	770
下地調整	シーラー塗り	材工共	m²	200
〃	下地平滑化処理（軽微な作業の場合は下記の各々のクロス貼り単価に含む）		〃	220
クロス貼り ビニル壁紙	無地系、厚手・発泡加工等ボリューム感ある材料	手間	m²	600
	厚手、発泡加工等ボリューム感ある無地、柄もの		〃	660
	織物調・タイル柄・大柄等で発泡加工等ボリューム感ある材料、エンボスの深いもの		〃	780
	ペイント調・塗壁調・シボの浅いもの。表面強化等及び水回り等の機能性。大柄・柄組合せ等		〃	840
	浅シボ、光沢材・メタリック調、防火高性能認定、表面無強化等。防じん機能。壁画調		〃	1,500

→ A

◆壁装材（クロス・シート）❶

メーカー 公表価格 — B

品名・品番		仕様	単位	単価（材料費）	メーカー
◆紙系壁紙					
W-024	茜	柿渋和紙　930×630mm	枚	2,700	木曽アルテック社 ☎03-5775-1513
W-039	珪藻土	彩色和紙　〃	〃	3,300	
W-007	透縞	漆和紙　〃	〃	5,200	
W-004	春慶	〃　　〃	〃	5,800	
W-004-36	〃	〃　1830　930	〃	26,500	
ノイエローヴ	NR-5601〜5605	パルプ　不燃NM-9837、準不燃QM-9336　92㎝×50m	m	2,200	旭興 ☎06-6453-5705
エクセレクト	SG5144	珪藻土入り壁紙　W92cm	m²	1,310	サンゲツ ☎052-564-3111 ☎03-3474-1181
〃	SG5027	和紙　95	〃	2,850	
〃	SG5096	紙布　91	〃	5,500	
TECIDO DAMASK		アメリカ製他　不燃NM-0345　52㎝×10m	m²	2,830〜 4,040	テシード ☎03-3982-9051 輸入品
トッパーコルク	M-401	コルクシート　無塗装　要化粧断ち t3mm×W61㎝×L91.5㎝	m²	4,910	東亜コルク ☎072-872-5691
〃	TIR-1	〃　ワックス仕上げ　3　30　60.0	〃	6,390	
〃	VC-B	バージンコルク　30　61　91.5	〃	25,800	輸入品

▶図15　ポケット版の誌面構成

②価格の種類

　ポケット版の掲載単価には調査価格と公表価格があります（図15、B）。調査価格は工務店を対象とした調査価格値なので、実態的な取引価格です。施主に提出する見積金額（営業積算に用いる単価）としてそのままの金額を値入れします。

　一方、公表価格はメーカーが一般に公表している価格で、カタログ価格や設計価格と呼ばれるものです。一般的な取引価格は割引されることが多く、割引率はさまざまですが本書の事例では便宜的に定価の70％に設定しました。

③公共工事労務単価の活用

　本書の事例の労務単価は、ポケット版の巻末にある公共工事設計労務単価（農林水産省及び国土交通省調査）を採用しました。木造住宅工事ではなく公共工事の単価であるのと、実際職方が受け取っている賃金との乖離はありますが、公の調査金額ですので、信頼できる金額として施主に示す見積書に採用することに問題はないと思います。

4 歩掛の考え方

　積算金額は積算項目ごとに数量を拾い、それに単位当たりの価格（1m当たり、1m²当たりの価格など、つまり「単価」）を掛けた金額を総計して算出します。単価を決めるよりどころとして、歩掛の理解、つまりは単価の構成根拠を理解する必要があります。

　ここからは歩掛の考え方と、歩掛を基にした複合単価の構成を理解していただくために2つの事例を解説します。最初の「下駄箱収納の価格算出」は、歩掛の算出の考え方を習得するために用意した、簡単な事例です。次の「基礎外周部1m当たりの工事費の算出」は、基礎工事を構成するそれぞれの原価項目の構成比率を明確にすることにより、資材価格の変動や労務費の高騰があった場合でも、その影響度を有効な根拠を持って適切に判断できるようになるための事例として示したものです。

1 歩掛とは

　歩掛とは一般的には労務歩掛を指すことが多いと思われますが、本書では歩掛の対象を労務だけではなく材料まで広げ、工事に必要な人工や材料の単位当たりの構成数量と定義しました。その理由は工事項目の構成要素を把握して、設定している単価が適正なのかの判定や、労務費や資材価格が変動した場合に単価を見直す際のよりどころにするためです（表9）。

　材料の歩掛にはロスや損耗分も含まれています。人工の歩掛は、現場での工数調査（それぞれの工事工程に必要な職方の作業時間の調査）等を反映させた所要数量が設定されていますが、工事現場の状況や職方の技量・出来栄え・品質等によって数量が変わってきますので、ある条件のものでの汎用性のある理論値ということになります。材工工事は、歩掛に材料単価、労務単価を掛け合わせて材工共単価（複合単価）を算出し、積算に使用します。

　積算担当者は、価格を漫然と眺めるのではなく、裏付けとなる歩掛を根拠に価格の妥当

▶表9　歩掛表の例

工事名		材料			労務		
外装工事	外壁サイディング（平部）	透湿性防水シート（W1m、50m巻）	0.032	巻	サイディング工	0.027	人工
		ステープル	0.015	kg			
		胴縁材（15mm×45mm）	0.003	m^3	サイディング工	0.027	人工
		釘	0.06	kg			
		窯業系サイディング（L3030 11.03m²）	0.13	梱包	サイディング工	0.053	人工
		固定金物（300個入り）	0.22	箱			
		ハットジョイナー	2.4	m			
		ボンドブレーカー	2.4	m			
		変成シリコーン（330mℓ）	0.75	本	サイディング工	0.027	人工
屋根工事	和瓦葺き	平瓦（56枚形）	18	枚	瓦職方	0.10	人工
		釘	0.015	kg			
		針金	0.06	kg			

性を判断することが原価管理・コストダウンを行う上での基本です。資材や労務費が高騰した場合、それが価格に及ぼす影響を推し量るためにも歩掛が有効なデータとなります。

2　下駄箱収納の価格算出

　下駄箱収納は原価項目の構成が単純でわかりやすいので、製作に関わる職方の作業時間（人工）の推定がしやすく、必要な資材の本数・枚数の算出（木拾い）も容易です。積算の基本となる原価3要素（「材料費」「労務費」「粗利益」）と歩掛を理解するのにうってつけの題材です。

　下駄箱収納の図面（図16）と仕様表（表10）を基に、次の手順に則って下駄箱の歩掛と価格を算出してみましょう。

（1）材料の数量と掛かる人工の算出

A. 材料の数量算出（木拾い）

　材料は、表10の仕様表にある規格を使います。姿図から下駄箱収納の構成部材を拾い出し、それぞれの材料（この例では集成材、合板）からどの構成部材が何枚取れるかを想定します。この一連の作業を「木拾い作業」と呼びます。

4　歩掛の考え方

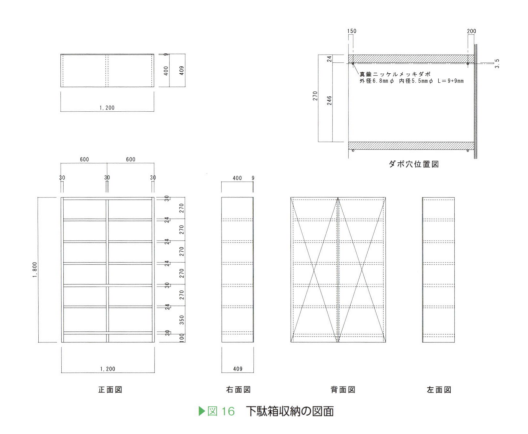

▶図16　下駄箱収納の図面

▶表10　下駄箱収納の仕様表

側板、天板、底板、中間板	杉集成材　L4200×t30×W500
棚板	ラワン合板（耐水ベニヤ）タイプⅡ　t24mm　910×1820
背板	ラワン合板（耐水ベニヤ）タイプⅡ　t9mm　910×1820
接着剤	木工ボンド　K10　1kg/缶
雑資材	ビス、補強金物、金属製ダボ　他
塗料	オスモカラーエキストラクリアー＃1101　2.5ℓ/缶
雑資材	サンダー、刷毛　他

　木拾い例を図17〜19に示しました。

　木拾いの結果、杉集成材が3枚、ラワン合板（t12㎜）が2枚、ラワン合板（t9㎜）が2枚必要なことがわかります。その他の材料は表11の通りの数量が必要です。この表の数量が、図16の下駄箱を製作するのに必要な材料の歩掛です。

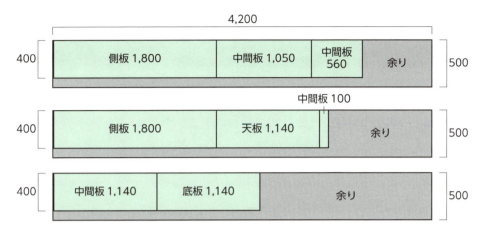

▶図17 杉集成材の木拾い

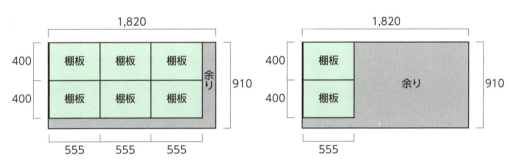

▶図18 ラワン合板（t24mm）の木拾い

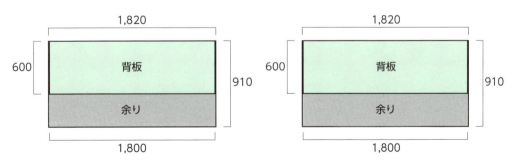

▶図19 ラワン合板（t9mm）の木拾い

▶表11　材料の数量算出

工程	使用材料	材料名	材料 数量	単位
木工事	側板、天板、底板、中間板	杉集成材　L4200×t30×W500	3	枚
	棚板	ラワン合板（耐水ベニヤ）タイプⅡ　t24㎜ 910×1820	2	枚
	背板	ラワン合板（耐水ベニヤ）タイプⅡ　t9㎜ 910×1820	2	枚
	接着剤	木工ボンド　K10　1kg/缶	1	缶
	雑資材	ビス、補強金物、金属製ダボ　他	1	式
塗装工事	塗料	オスモカラーエキストラクリアー　#1101　2.5ℓ/缶	1	缶
	雑資材	サンダー、刷毛　他	1	式

▶表12　人工の算出

工程	労務 職種	人工
木工事	大工	1
塗装工事	塗装工	1

B．労務（人工）の算出

　人工の想定は、今までの現場経験による勘所が必要となります。そういう意味からも、積算担当者は机上で考えるだけではなく、建築現場に足繁く通うことも必要です。下駄箱収納の事例では木工事と塗装工事が必要なので、大工と塗装工の2つの職種の工数を推定することになります。算出例では、大工の工数を1人で1日仕事としました。1日を何時間とするかですが、一般的には半日（3時間から5時間程度）を超えれば1人工となるでしょうし、8時間を超えても1人工とする場合もあると思います。概括的な根拠（半日では終わらないが朝からやれば翌日までは掛からないだろう）から1人工としました（表12）。

　塗装工に関しては、下塗り・上塗りの2工程として、下塗りに数時間（半日）、養生期間を挟んだ別の日の上塗りに数時間（半日）として、合計で1人工とします（表12）。

（2）見積り金額の算出

　それぞれの材料単価（円/枚など）と職方の単価（円/人工）を入れて金額を算出しま

▶表13　講習会参加者の見積金額

見積予想金額	割合
5万円未満	10%
5万円以上～10万円未満	30%
10万円以上～15万円未満	40%
15万円以上	20%

母数：約100人

す。値入れする単価は自社で設定している単価や相場観から単価を設定してみましょう。材料費と労務費の合計が出たら、その合計金額の10％を諸経費として計上して、費用を合計します。

見積金額はいくらになったでしょうか？

この題材を使った講習会をたびたび行っていますが、ある講習会では最安値で4.8万円、最高値で20万円でした。表13に講習会の参加者の見積金額のおおよその割合をまとめました。違いが出た大きな要因は、杉集成材やラワン合板の金額の相場感の有無によります。単純な下駄箱収納ですが、積算担当者の金額相場観はそれ程の違いがあるということです。

（3）ポケット版の活用

本書では『積算資料ポケット版　住宅建築編』を使って、それぞれの単価を値入れしてみました。先に解説したように、ポケット版の金額には調査価格と公表価格があります。調査価格はそのままの金額を値入れし、メーカー公表価格は定価の70％にした金額とします。労務単価は、ポケット版の巻末にある公共工事設計労務単価（農林水産省及び国土交通省調査）とします。なお、積算資料の単価は変動がありますので、実際の見積りには最新の単価を使う必要があります。

次に、材料費と労務費の合計に所定の諸経費率を掛けた諸経費を加算して、合計金額を算出します。諸経費率は10％としました。ここの諸経費は下請け業者の諸経費（粗利益）であり、元請けである工務店の諸経費は別途必要です。

以上により算出した下駄箱収納の価格は表14の通りです。

木拾いの仕方や人工設定の考え方の違い、自社で設定している単価とポケット版を参考にして設定した単価に相違があることで、それぞれ算出した金額が異なるとは思います。

▶表14　ポケット版を活用した下駄箱収納の積算価格

工程	使用材料	材料名	材料				労務			
			数量	単位	単価	価格	職種	人工	単価	価格
木工事	側板、天板、底板、中間板	杉集成材 L4200×t30×W500	3	枚	17,640	52,920	大工	1	23,900	23,900
	棚板	ラワン合板（耐水ベニヤ）タイプⅡ t24mm 910×1820	2	枚	4,220	8,440				
	背板	ラワン合板（耐水ベニヤ）タイプⅡ t9mm 910×1820	2	枚	1,670	3,340				
	接着剤	木工ボンド K10 1kg/缶	1	缶	826	826				
	雑資材	ビス、補強金物、金属製ダボ 他	1	式		3,000				
塗装工事	塗料	オスモカラー エキストラクリアー ＃1101 2.5ℓ/缶	1	缶	10,626	10,626	塗装工	1	26,300	26,300
	雑資材	サンダー、刷毛 他	1	式		2,000				
※『積算資料ポケット版　住宅建築編 2016 年度版』の価格適用 ※杉集成材の単価は m³ 価格より算出 ※接着剤、塗料はメーカー公表価格の 70％とした ※労務単価は 2016 年 2 月から適用された東京価格			小計			81,152			小計	50,200
			総計							131,352
			諸経費（10％）							13,135
			費用合計【見積価格】							144,487

　このような簡単な事例を用いて原価3要素（「材料費」「労務費」「粗利益」）の構成や歩掛を理解することは、今後原価管理をする上でさまざまな場面での応用に役立ちます。

3　基礎外周部 1m 当たりの工事費の算出

　基礎工事や塗装工事の見積書作成に当たっては、まず数量を拾って（何m、何m² など）、それに呼応した材工共の工事費（m 単価、m² 単価）を掛けてその工事の金額を算出しますが、ともすればその単価は既定的なものとして、扱いに何の疑問も持たないことがあるのではないでしょうか。

　しかしながら、この既定単価が適切なのかを常に注視する必要があります。さまざまな社会情勢、例えば原油価格の高騰による塗料などの原材料の価格上昇や、職方の不足による労務費の高騰などに対応した単価の見直しも、適宜必要となります。この時に、適正な見積価格を算出する根拠として役立つのが歩掛です。何の根拠も持ち合わせずにやみくも

4　歩掛の考え方

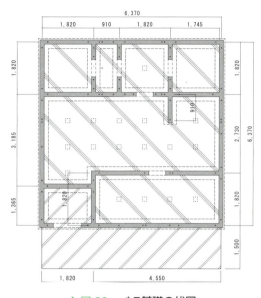

▶図20　ベタ基礎の伏図

に設定した単価と、きちんとした裏付けを持って設定した単価には、原価管理をしていく上で大きな違いがあります。

事例としてベタ基礎の外周部立上り部分を輪切りにした時の長さ1m当たりの工事費を算出してみます。ベタ基礎の伏図と断面図は図20、21の通りです。

（1）材料の数量拾いと掛かる人工の算出

A. 材料の数量拾い

工程ごとに材料の長さ1m当たりの数量を算出します。拾い基準は設計数量とします。

①割栗石地業

　使用材料：割栗石（図21　断面図②）

　計算根拠：断面面積×長さ1m＝1m当たりの必要量（m³）

　$(0.2×0.15＋0.15×0.15)×1＝0.0525$

$$＝\underline{0.053\mathrm{m}^3}$$

②ベースコンクリート打設

　使用材料：普通コンクリート18-18-20（図21　断面図③）

　計算根拠：断面面積×長さ1m＝1m当たりの必要量（m³）

51

4　歩掛の考え方

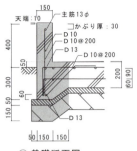

① 基礎断面図

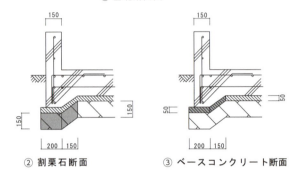

② 割栗石断面　　　③ ベースコンクリート断面

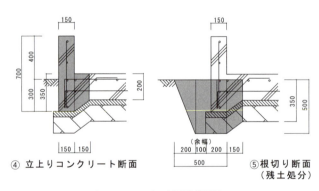

④ 立上りコンクリート断面　　⑤ 根切り断面
　　　　　　　　　　　　　　　（残土処分）

▶図21　ベタ基礎断面図

$$(0.2 \times 0.05 + 0.15 \times 0.05) \times 1 = 0.0175$$
$$= \underline{0.018\text{m}^3}$$

③型枠組み

　使用材料：鋼製型枠（損料）（図22）

　計算根拠：高さ×長さ1m＝1m当たりの必要量（m²）

$$(0.7 \times 1) + (0.35 \times 1) = 1.05$$
$$= \underline{1.1\text{m}^2}$$

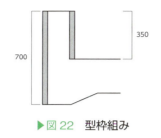

▶図22　型枠組み

▶表15　鉄筋の積算数量算出方法

	鉄筋種類	必要長さの計算式	a. 長さ (m)	b. 単位重量(kg/m)	c. 定着部分 (係数)	必要重量 a×b×c (kg)	積算数量
D10	よこ筋	1m×1本	1.00				
	たて筋（@200）	(700−30−60)mm×4本	2.44				
	スラブ筋上部（@200）	(75+150)mm×4本	0.90				
	同上定着部分（たて）	(300−60)mm×4本	0.96				
	スラブ筋下部（@200）	(75+150)mm×4本	0.90				
	同上定着部分（たて）	(300−60−90)mm×4本	0.60				
	ななめ筋（@200）	(75+150)mm×1.414×4本	1.27				
		合計	8.07	0.560	1.1	4.97	5.0kg
D13	主筋（よこ筋）	6m×1本	6.00	0.995	1.1	6.56	6.6kg

④鉄筋組立

　使用材料：鉄筋 D10（SD295A）、D13（SD295A）（図21　断面図①）

　計算根拠：必要長さ×鉄筋単位重量×定着部分係数（表15）

　D10：8.07×0.56×1.1＝4.97

　　　　　　　　＝5.0kg

　D13：6×0.995×1.1＝6.56

　　　　　　　　＝6.6kg

⑤アンカーボルト設置

　使用材料：アンカーボルト　M12×400（図20）

　計算根拠：アンカーボルト外周部必要本数÷外周長＝1m当たりの必要量（本）

　37÷(6.37×4)＝1.45

　　　　　　＝1.5本

⑥スリーブ入れ

使用材料：基礎貫通セットは、給水、給湯、排水の3カ所必要とします。

計算根拠：貫通箇所数÷外周長＝1m 当たりの必要量（カ所）

$3 \div (6.37 \times 4) = 0.117$

$= \underline{0.12 \text{ カ所}}$

⑦立上りコンクリート打設

使用材料：普通コンクリート 21-18-20（図21　断面図④）

計算根拠：断面面積×長さ 1m＝1m 当たりの必要量（m³）

$(0.15 \times 0.7 + 0.15 \times (0.35 + 0.2) \div 2) \times 1 = 0.146$

$= \underline{0.15 \text{m}^3}$

⑧養生

使用材料：ブルーシート（損料）は 3.6m×3.6m のブルーシートを9枚使用します。

計算根拠：ブルーシート枚数×外周部基礎立上り部分の水平投影面積（基礎幅×外周部基礎長さ）÷基礎部分の水平投影面積（玄関ポーチ・テラス含む）

＝1m 当たりの必要量（枚）

$9 \times (0.15 \times 25.48) \div (6.37 \times 6.37 + 6.37 \times 1.5) = 0.686$

$= \underline{0.69 \text{ 枚}}$

⑨天端均し

使用材料：セルブレベリング　コンクリート下地セメント系　厚 10㎜

計算根拠：基礎幅×厚み×長さ 1m＝1m 当たりの必要量（m³）

$0.15 \times 0.01 \times 1 = \underline{0.0015 \text{m}^2}$

⑩機械運搬料

使用機材：バックホウなど。立上り部分の作業量の割合を基礎工事全工程の70%とし、基礎長で割ります。基礎長は立上り部分の外周長と内周長の和です。

計算根拠：1m÷基礎長×作業量の割合（70%）＝1m 当たりの必要作業量（往復）

$1 \div (6.37 \times 4 + 1.82 \times 3 + 6.37 + 0.91 + 6.37 + 1.82) \times 0.7 = 0.0150$

$= \underline{0.015 \text{ 往復}}$

⑪圧送ポンプ車

使用機材：圧送ポンプ車は基礎工事の全工程で2回とし、そのうち1.5回を立上り部分の相当回数として、基礎長で割ります。

▶表 16　材料の数量算出

工程		使用材料	材料	
			数量	単位
外周部立上り	割栗石地業	割栗石	0.053	m³
	ベースコンクリート打設	普通コンクリート　18-18-20	0.018	m³
	型枠組み	鋼製型枠（損料）セパレーター等含む	1.1	m²
	鉄筋組立	鉄筋（延長さ×1.1）D10 SD295A	8.3	kg
		鉄筋（延長さ×1.1）D13 SD295A	6.6	kg
	アンカーボルト設置	アンカーボルト　M12×400	1.5	本
	スリーブ入れ	基礎貫通セット	0.12	カ所
	立上りコンクリート打設	普通コンクリート　21-18-20	0.15	m³
	養生	ブルーシート（損料）3.6×3.6m	0.69	枚
	天端均し	セルフレベリング　コンクリート下地セメント系　厚10mm	0.0015	m²
	機械運搬料	片道 30km バックホウ等	0.015	往復
	圧送ポンプ車	1.5 回分	0.032	回
	残土処分	場内処理とする		

計算根拠：1m÷基礎長×1.5 回＝1m 当たりの必要量（回）

$1 \div (6.37 \times 4 + 1.82 \times 3 + 6.37 + 0.91 + 6.37 + 1.82) \times 1.5 = 0.0323$

$= \underline{0.032}$ 回

以上の結果、ベタ基礎外周部の 1m 当たりの数量は表 16 の通りになりました。

B. 人工の算出

　基礎工事で登場する職方は土工（普通作業員）です。基礎工事の全工程に投入する人数は 20 人工程度ですが、この中から外周部立上り部分の工程に関わる人工を抽出しなければなりません。準備や底盤部の根切り・内部立上り部分の工事等、共通的な工程や一連の作業として行う工程もあります。今回は外部・内部の立上り基礎部分を全工程の 70% とし 14 人工としました。それを、立上り基礎の合計長さ（外部＋内部）で割り、外周部立上り基礎の 1m 当たりの人工の想定値を 0.3 人工と設定しました。

計算根拠：1m÷立上り部分合計長さ（外周＋内周）m×立上り部分の必要人工

$= 1 \div (6.37 \times 4 + 1.82 \times 3 + 6.37 + 0.91 + 6.37 + 1.82) \times 14 = 0.301$ 人工

$= \underline{0.3}$ 人工

4　歩掛の考え方

▶表17　ポケット版を活用した基礎1m当たりの積算価格

工程		使用材料	材料				労務			
			数量	単位	単価	価格	職種	人工	単価	価格
外周部立上り	割栗石地業	割栗石	0.053	m³	6,050	320	土工（普通作業員）	0.3	19,800	5,940
	ベースコンクリート打設	普通コンクリート 18-18-20	0.018	m³	13,000	234				
	型枠組み	鋼製型枠（損料）セパレーター等含む	1.1	m²	2,500	2,750				
	鉄筋	鉄筋（延長さ×1.1）D10 SD295A	5.0	kg	57	285				
		鉄筋（延長さ×1.1）D13 SD295A	6.6	kg	55	363				
	アンカーボルト設置	アンカーボルト M12×400	1.5	本	99.7	149				
	スリーブ入れ	基礎貫通セット	0.12	カ所	10,200	1,224				
	立上りコンクリート打設	普通コンクリート 21-18-20	0.15	m³	13,300	1,995				
	養生	ブルーシート（損料）3.6×3.6m	0.69	枚	600	414				
	天端均し	セルフレベリングコンクリート下地セメント系 厚10mm	0.0015	m²	2,120	3				
	機械運搬料	片道30km バックホウ等	0.015	往復	82,500	1,237				
	圧送ポンプ車	1.5回分	0.032	回	80,000	2,560				
	残土処分	場内処理とする				0				
					小計	11,534			小計	5,940
					総計					17,474
					諸経費（10%）					1,747
					費用合計【見積価格】					19,221

※『積算資料ポケット版　住宅建築編 2016年度版』の価格適用
※鉄筋重量　D10：0.560kg/m、D13：0.995kg/m
※労務単価は2016年2月から適用された東京価格

（2）単価の値入れ

　材料と人工の算出ができたら、それぞれの単価を値入れします。本書では例として『積算資料ポケット版　住宅建築編』からそれぞれの材料費と労務費に該当する単価を拾いました。この金額に諸経費を加算して合計金額を算出します。諸経費率は10%としました（表17）。

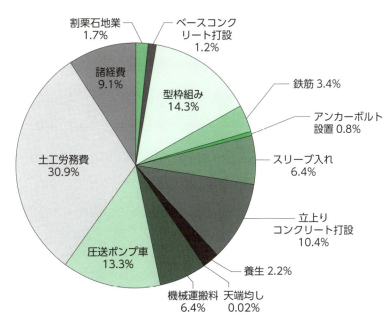

▶図23　ベタ基礎の原価構成要素

（3）基礎工事の金額構成からわかること

　事例で計算したベタ基礎の外周部立上り部分の主要な原価構成要素の構成比率を図23にまとめました。

　この図から鉄筋の比率が約3.4%に過ぎないこと、普通コンクリートの比率が約12%であるのに対し、鋼製型枠（損料）の比率が約14%であることがわかります。労務費の比率は全体の約1/3を占める約31%となっています。

　このように原価構成比率を掌握することにより、それぞれの資材費や工賃の変動が与える見積りへの影響金額を判断することができます。例えば鉄筋が20%高騰した場合、基礎外周部立上り1m分に与える影響は3.4%×20%＝0.7%となり、約130円であることがわかります。この約130円/mの単価上昇の影響が、基礎工事の全体額に与える影響、ひいては1棟の見積り金額に与えるインパクトがどのくらいかを見据えて下請け業者との価格交渉や施主への見積り対応に当たる必要があります。

　基礎工事費の単価算出の事例は外周部立上り部分でしたが、他の基礎工事の部分（底盤・内部立上り部分等）に関しても同様の計算を行います。また、もっと大雑把な基礎工

事単価の算出の仕方として、1階床面積当たりの基礎工事単価を設定している工務店もあると思います。その場合は全工程を通じた材料の数量と職方の人工により算出することとなります。当然、建物の形状や規模によって基礎工事単価の算出結果は異なってきますが、自社の標準プランの単価を用意することにより、多少の違いがあったとしても十分に対応できる単価として汎用的に利用することができます。

第2章
新築工事の見積書の作成

1 見積書の構成と数量算出基準

> 見積書の原則は、施主にも工務店にもわかりやすい事です。そのためには、第1章の20ページで解説したように、見積りの体系をわかりやすく明確に定義し、数量の算出（拾い）基準を単純化させることが重要です。拾い基準を単純化させることで拾い漏れを防ぐ事ができます。その拾い基準を下請け業者と共有することで双方の見積書の食い違いを少なくすることが可能になります。第1章の見積書の体系や本章で紹介する数量の拾い基準を参考にして、自社の見積書の基準がどうなっているのか、再確認してみてください。
>
> 本章では、以上の主旨に則った見積書の構成と拾い基準を定義しています。続けて、木造住宅の新築工事の見積書のつくり方を事例として2例取り上げました。

1 工事項目別の見積算出基準

　本書で定義する見積書の構成と拾い基準は、基本的な原則を達成するために、見積りの体系を工種別とし、工事発注先ごとの工事項目をまとめやすくした事、できるだけ集約した工事項目とした事で施主との設計打合せにも有用である事を目的に設定しました。

　住宅の設計図面は、現在ほとんどがCADで作成されています。それに伴い、CADから自動的に数量を拾って積算から見積書作成までを行うシステムが汎用化されており、図面を作成すれば自動的に見積書が出来上がるという工務店も多いでしょう。その結果、図面から細かな数字を拾い、手計算で積算や見積書作成をする機会は少なくなっています。もちろん、CADによる積算システムは非常に便利なツールですので、それを利用しない手はありませんが、その数量が算出される根拠や過程を理解しているのと、出来上がってきた見積書をそのまま鵜呑みにしてしまうのでは、原価管理やコストダウンを継続的に行って成果を出す上で雲泥の差が出てきます。

　次から、本書で定義する見積書の構成と拾い基準を紹介していきます。

(1) 建築本体工事

　建築本体工事に関わる数量算出基準について、表1にまとめました。この表はあくまでも本書が推奨する基準ですが、重要なのは営業担当者、設計担当者、積算担当者、工事担当者、下請け業者の全てが同じ積算基準で見積りを作るということです。この表を参考に自社の数量算出基準を確認してみましょう。

(2) 付帯工事

　付帯工事は、通常は一式工事として見積書に記載します（表2）。見積内訳書を別途添付します。

(3) 別途工事

　別途工事も付帯工事と同じく、一式工事として見積書に記載します（表3）。見積内訳書を付帯工事と同じように別途添付します。

(4) 見積書の事例

　68ページから木造住宅の新築工事の見積書のつくり方を習得するために、2種類の事例を用意しました。事例1は、本書が掲げる「簡便でわかりやすい見積書」の構成と拾い基準を理解するためのものです。通常の見積書としては十分なレベルです。

　事例2は、各工事項目を詳細な構成レベルまで掘り下げた「詳細に拾った見積書」です。通常の見積書ではここまでの詳細な内容は必要ありませんが、事例1の工事項目の単位である「複合された工事項目」の単価の妥当性を定期的に検証するためには有効な内容であり、併せて紹介します。

▶表1　建築本体工事の数量算出基準

A．建築工事

（基礎工事、木工事の木材費、外装工事の算出基準には複数の方法があります。内容は66ページの注記を確認してください。）

工事区分・項目			基準	単位	根拠	材工区分	発注業者（例）	特記（含まれる資材、工事他）
1. 仮設工事								
水盛遣り方			建築面積	m²		材工	工務店、大工	整地・地縄・水杭・水貫　計上しない場合もあり
外部足場			足場掛け面積	m²	（外周+出隅ごとに1m）×最高高さ	材工	足場工事業者	
メッシュシート			足場掛け面積	m²	（外周+出隅ごとに1m）×最高高さ	材工	足場工事業者	外部足場と複合する場合あり
吹抜け足場			実面積	m²	壁芯	材工	足場工事業者	単管棚足場等
屋根足場			屋根葺き面積	m²	壁芯―軒出	材工	足場工事業者	6寸勾配以上の場合に架設
仮囲い			実長さ	m	道路・隣地境界等	材工	工務店、仮設業者	シート張り等
仮設電気			一式	式	工期3～4カ月	材工	電気設備工事業者	
仮設水道			一式	式	工期3～4カ月	材工	給排水設備工事業者	
仮設トイレ			一式	式	工期3～4カ月	材工	レンタル会社	
養生費			施工床面積	m²	内部養生	材工	工務店、各業者	床、建具枠、階段等の養生
清掃・片付費			施工床面積	m²	工事中現場清掃	工	工務店、各業者	計上しない場合あり
クリーニング			施工床面積	m²	入居前清掃	工	クリーニング工事業者	
発生材処分費			施工床面積、トラック台数	m²、台		工	産業廃棄物処理業者	
2. 基礎工事								
①※1	布基礎		延長さ	m	壁芯	材工	基礎工事業者	割栗石・コンクリート・鉄筋・型枠・アンカーボルト・天端均し・スリーブ入れ等
	ベタ基礎	外周部立上り	延長さ	m	壁芯	材工	基礎工事業者	割栗石・コンクリート・鉄筋・型枠・アンカーボルト・天端均し・スリーブ入れ等
		内周部立上り	延長さ	m	壁芯	材工	基礎工事業者	割栗石・コンクリート・鉄筋・型枠・アンカーボルト・天端均し・スリーブ入れ等
		底盤部(耐圧版)	実面積	m²	壁芯	材工	基礎工事業者	束石含む
	土間コンクリート（非耐圧版部）		実面積	m²	壁芯	材工	基礎工事業者	玄関・玄関ポーチ・テラス等
②※2	基礎工事		1階床面積	m²	壁芯	材工	基礎工事業者	①の全てを含む
3. 木工事								
①※3	木材費・プレカット代明細		詳細木拾い	式	別途明細書	材	木材納入業者	プレカットの場合はプレカット業者へ発注
②※4	木材費（構造材・羽柄材）		施工床面積	m³	屋根形状・勾配	材	木材納入業者	プレカットの場合はプレカット業者へ発注
	プレカット加工料金		施工床面積	m²		材	プレカット業者	木材費に含む場合あり　構造図作成含む場合あり
クレーン代			実台数	台		材工	クレーン業者	オペレーター費用含む
石膏ボード（壁）			内壁面積	m²	壁芯	材	販売代理店	
石膏ボード（天井）			天井面積	m²	壁芯	材	販売代理店	
外部造作	玄関庇		箇所	カ所	長さ、出幅別設定	材	木材納入業者	羽柄材に含む場合あり
	庇		箇所	カ所	長さ、出幅別設定	材	木材納入業者	羽柄材に含む場合あり
	鼻隠し		延長さ	m		材	木材納入業者	羽柄材に含む場合あり

工事区分・項目		基準	単位	根拠	材工区分	発注業者（例）	特記（含まれる資材、工事他）
外部造作	広小舞	延長さ	m		材	木材納入業者	羽柄材に含む場合あり
	軒天	実面積	m²	壁芯―軒出	材	木材納入業者	塗装板・無塗装板あり 野縁材は羽柄材に含む
	ぬれ縁	箇所	セット	製品設定	材	資材納入業者	
内部造作	洋室　窓枠	延長さ、箇所	m、カ所	開口呼称寸法	材	木材納入業者、資材納入業者	
	洋室　建具枠	延長さ、箇所	m、カ所	開口呼称寸法	材	木材納入業者、資材納入業者	
	洋室　幅木	延長さ	m	壁芯	材	木材納入業者、資材納入業者	
	洋室　回り縁	延長さ	m	壁芯	材	木材納入業者、資材納入業者	
	木製フローリング	実面積	m²	壁芯	材	資材納入業者	
	天井野縁・吊木	実面積	m²	壁芯	材	資材納入業者	羽柄材に含む場合あり
	玄関框	箇所	カ所	タイプ別	材	資材納入業者	
	勝手口框	箇所	カ所	タイプ別	材	資材納入業者	
	出窓甲板	箇所	カ所	タイプ別	材	資材納入業者	
	階段	箇所	セット	タイプ別	材	資材納入業者	セット品（ささら・段板・蹴込板・階段手摺）
	木製手すり	セット	セット	タイプ別	材	資材納入業者	
	下駄箱	個数	セット	タイプ別	材	資材納入業者	
和室造作	敷居・鴨居	延長さ	m	材種別	材	木材納入業者	
	戸襖枠	延長さ、箇所	m、カ所	セット：開口サイズ別（W×H）	材	木材納入業者、資材納入業者	建具セット品の場合は木製建具で計上
	押入れ枠	延長さ、箇所	m、カ所	セット：開口サイズ別（W×H）	材	木材納入業者、資材納入業者	建具セット品の場合は木製建具で計上
	障子枠	延長さ、箇所	m、カ所	セット：開口サイズ別（W×H）	材	木材納入業者、資材納入業者	建具セット品の場合は木製建具で計上
	縁甲板	実面積	m²	壁芯	材	木材納入業者、資材納入業者	
	畳寄せ	延長さ	m	壁芯	材	木材納入業者、資材納入業者	
	回り縁	延長さ	m	壁芯	材	木材納入業者、資材納入業者	
	付け柱	実数	本		材	木材納入業者、資材納入業者	
	付け鴨居	延長さ	m	壁芯	材	木材納入業者、資材納入業者	
	付け長押	延長さ	m	壁芯	材	木材納入業者、資材納入業者	
	木質系天井材（敷目天井）	実面積	m²	壁芯	材	木材納入業者、資材納入業者	
	床の間	箇所	カ所	タイプ別	材	木材納入業者、資材納入業者	床柱・床框・落し掛け
	押入れ	箇所	カ所	タイプ別	材	木材納入業者、資材納入業者	
造作家具		個数	台		材工	大工	大工工事で作成するもの
副資材	補足材	木材費×係数	式	木材費の3％程度	材	材木納入業者	計上しない場合あり
	基礎パッキン、鋼製束、釘・金物等	施工床面積	m²	耐震等級別設定	材	金物店	

1　見積書の構成と数量算出基準

工事区分・項目		基準	単位	根拠	材工区分	発注業者（例）	特記（含まれる資材、工事他）
大工工事	建て方工事	施工床面積	m²	建物グレード別設定	工	大工	プレカット有・無しの単価設定
	鳶手間	施工床面積	m²	建物グレード別設定	工	大工	建て方補助（計上しない場合あり）
	造作工事	施工床面積	m²	建物グレード別設定	工	大工	建て方工事と造作工事で大工工事として計上の場合あり
4. 断熱工事　※5							
床断熱材		敷込み面積	m²	壁芯	材	資材納入業者	取付手間は大工工事に含む
壁断熱材		外壁面積	m²	壁芯	材	資材納入業者	取付手間は大工工事に含む
天井・屋根断熱材		敷込み面積	m²	壁芯	材	資材納入業者	取付手間は大工工事に含む
基礎断熱材		基礎外周長	m	壁芯	材	資材納入業者	取付手間は大工工事に含む
5. 屋根・鈑金工事							
下葺き		屋根面積	m²	壁芯―軒出	材工	屋根工事業者	屋根防水紙
屋根葺き		屋根面積	m²	壁芯―軒出	材工	屋根工事業者	人工スレート、瓦、金属系葺き材料等
軒樋		延長さ	m		材工	鈑金工事業者	受金物
たて樋		延長さ	m		材工	鈑金工事業者	集水器・呼樋・エルボ・受金物
屋根庇		延長さ	m		材工	鈑金工事業者	
出窓屋根		延長さ	m		材工	鈑金工事業者	
霧除け		延長さ	m		材工	鈑金工事業者	
土台水切り		延長さ	m	壁芯	材工	鈑金工事業者	外装工事に含む場合あり
その他鈑金		延長さ	m	部位別設定	材工	鈑金工事業者	サッシ下端（サッシに含む場合あり）、下屋部分等
6. 防水工事							
バルコニー防水工事		床面積	m²	壁芯	材工	防水工事業者	下地調整・トップコート
7. 石・タイル工事							
平物		実面積	m²	壁芯―仕上面	材	タイル工事業者	タイル工事の場合：立下りGL-100mm見込む
役物		実長さ	m		材	タイル工事業者	ノンスリップ等
張り手間		実面積	m²		工	タイル工事業者	タイル工事の場合：立下りGL-100mm見込む
8. 左官工事							
外壁ラスモルタル工事		実面積	m²	壁芯	材工	左官工事業者	ラスモルタル等の下塗り・上塗り
基礎刷毛引き		実面積	m²	延長さ×立上り	材工	左官工事業者	
土間仕上げ		実面積	m²	壁芯	材工	左官工事業者	
珪藻土、漆喰塗り工事		実面積	m²	壁芯	材工	左官工事業者	
9. 外部建具工事							
玄関ドア		箇所	セット		材	資材納入業者	
勝手口ドア		箇所	カ所		材	資材納入業者	
アルミサッシ		箇所	カ所	開口サイズ・ガラス種類別	材	資材納入業者	雨戸・網戸
雨戸		箇所	カ所	開口サイズ別	材	資材納入業者	サッシと別途の場合
取付調整費		一式	式		工	資材納入業者	材料費に含める場合あり
10. 内部建具工事							
注文建具	洋室建具	箇所	カ所	種類別	材工	建具工事業者	吊り込み調整費含む
	収納建具	箇所	カ所	種類別	材工	建具工事業者	吊り込み調整費含む
	建具金物	箇所	カ所	種類別	材	建具工事業者	洋室建具、収納建具に含む場合あり
メーカー品洋室建具		箇所	カ所	種類別	材	資材納入業者	吊り込み調整は大工工事

1 見積書の構成と数量算出基準

工事区分・項目		基準	単位	根拠	材工区分	発注業者（例）	特記（含まれる資材、工事他）
和室建具	襖・戸襖	箇所	枚・セット	開口サイズ別	材工	資材納入業者	枠・建具・金物（枠を木工事で計上の場合あり）
	障子	箇所	枚・セット	開口サイズ別	材工	資材納入業者	枠・建具・金物（枠を木工事で計上の場合あり）
11. 塗装工事							
外壁吹付工事		吹付面積	m²	仕上材種類別	材工	塗装工事業者	
外部木部塗装		実面積	m²	仕上材種類別	材工	塗装工事業者	破風、鼻隠し、軒天、その他
内部木部塗装		実面積、箇所	m²、枚等	仕上材種類別	材工	塗装工事業者	木製フローリング、建具、造作材、その他
12. 外装工事							
①※6	サイディング（材料）	外壁面積	m²	壁芯	材	サイディング工事業者	コーキング材含む
	同質役物	外壁面積	m	壁芯	材	サイディング工事業者	
	透湿防水シート	外壁面積	m²	壁芯	材	サイディング工事業者	
	胴縁	外壁面積	m²	壁芯	材	サイディング工事業者	大工工事の場合は木工事で計上
	サイディング（手間）	外壁面積	m²	壁芯	工	サイディング工事業者	上記材料の施工手間
②※7	サイディング（材料）	外壁面積	m²	壁芯	材	サイディング工事業者	胴縁・役物・コーキングを含む
	サイディング（手間）	外壁面積	m²	壁芯	工	サイディング工事業者	胴縁・役物・コーキングを含む
③※8	サイディング工事（材工）	外壁面積	m²	壁芯	材工	サイディング工事業者	胴縁・役物・コーキングを含む
13. 内装工事							
カーペット		実面積	m²	壁芯	材工	内装工事業者	
クッションフロア貼り		実面積	m²	壁芯	材工	内装工事業者	
畳		実枚数	枚	1畳、0.5畳	材工	畳工事業者	
壁クロス貼り		実面積	m²	壁芯	材工	内装工事業者	
天井クロス貼り		実面積	m²	壁芯	材工	内装工事業者	
14. 住宅設備機器工事							
システムキッチン（材料）		箇所	セット	タイプ別	材	販売施工代理店	レンジフード・水栓等の有無を確認
システムキッチン据付（手間）		箇所	セット	目途：材料費×10～15%	工	販売施工代理店	
システムバス（材料）		箇所	セット	タイプ別	材	販売施工代理店	
システムバス据付（手間）		箇所	セット	目途：材料費×10～15%	工	販売施工代理店	
洗面化粧台		箇所	セット	タイプ別	材	資材納入業者	水栓の有無の確認。据え付けは屋内給排水設備工事の機器取付手間
便器		箇所	セット	タイプ別	材	資材納入業者	
紙巻器		箇所	セット	タイプ別	材	資材納入業者	
タオルバー・タオルリング		箇所	セット	タイプ別	材	資材納入業者	
洗濯機用防水パン		箇所	セット	タイプ別	材	資材納入業者	
水栓		箇所	セット	タイプ別	材	資材納入業者	
15. 雑工事 ※9							
床下収納庫		箇所	セット	タイプ別	材	資材納入業者	
床下点検口		箇所	セット	タイプ別	材	資材納入業者	
天井点検口		箇所	セット	タイプ別	材	資材納入業者	
ハンガーパイプ		箇所	セット	タイプ別	材	資材納入業者	

第2章 ● 新築工事の見積書の作成

1　見積書の構成と数量算出基準

工事区分・項目	基準	単位	根拠	材工区分	発注業者（例）	特記（含まれる資材、工事他）
バルコニー笠木	延長さ	m	壁芯	材	資材納入業者	防水工事とする場合あり
防蟻工事	1階床面積	m²	壁芯	材工	防蟻工事業者	土壌処理+GLから1mまで施工

B. 設備工事

工事区分		基準	単位	根拠	材工区分	発注業者（例）	特記（含まれる資材、工事他）
1. 屋内給排水設備工事							
配管工事	給水配管	箇所	カ所	1、2階別設定	材工	給排水設備工事業者	配管材料・役物・手間
	給湯配管	箇所	カ所	1、2階別設定	材工	給排水設備工事業者	配管材料・役物・手間
	雑排水配管	箇所	カ所	1、2階別設定	材工	給排水設備工事業者	配管材料（トラップ）・手間
	汚水配管	箇所	カ所	1、2階別設定	材工	給排水設備工事業者	配管材料（トラップ）・手間
	給水・給湯・ヘッダー	実数	セット	分岐口別	材	資材納入業者	給水配管・給湯配管工事費に含む場合あり
	設備機器取付手間	一式	式		工	給排水設備工事業者	
水道局申請手続き費		一式	式		経費		
2. 給湯設備工事							
ガス給湯器		箇所	台	タイプ別	材	資材納入業者、ガス会社	機器のみ。据付工事はガス設備工事で計上
電気式給湯器		箇所	台	タイプ別	材	資材納入業者	機器のみ。敷き台は基礎工事、据付工事は電気設備工事で計上
3. 電気設備工事							
分電盤工事		箇所	カ所	回路数別設定	材工	電気設備工事業者	
配線工事	電灯配線	箇所	カ所		材工	電気設備工事業者	
	コンセント配線	箇所	カ所	タイプ別	材工	電気設備工事業者	アース配線含む
	スイッチ配線	箇所	カ所	タイプ別	材工	電気設備工事業者	
弱電工事	インターホン	箇所	セット	タイプ別	材工	電気設備工事業者	
	電話配線	箇所	カ所		材工	電気設備工事業者	
	テレビ配線	箇所	カ所		材工	電気設備工事業者	
	情報化配線	箇所	カ所		材工	電気設備工事業者	LAN配線等
換気工事	換気扇（材料）	箇所	カ所	タイプ別	材	資材納入業者	第1種、第3種換気を区分
	換気扇（手間）	箇所	カ所	取付費	工	電気設備工事業者	
防災工事・防犯	住宅用火災警報器	箇所	カ所	タイプ別	材工	電気設備工事業者	
電力会社申請手続費		一式	式		経費	電気設備工事業者	
4. ガス設備工事							
ガス配管工事（基本工事費）		一式	式	階、箇所別設定	材工	ガス会社	
ガス給湯器取付工事		箇所	カ所	タイプ別設定	工	ガス会社	材料費は給湯設備工事で計上
ガスコンロ配管接続工事		箇所	カ所	タイプ別設定	工	ガス会社	材料費は給湯設備工事で計上

基礎工事　※1　部分別に計上する方法
　　　　　※2　全てを複合する方法
木材費　　※3　木材納入業者からの詳細見積りをもとにする方法
　　　　　※4　施工床面積をもとにした概算値を用いる方法
断熱工事　※5　フェルト状、ボード状の断熱材の場合。吹込み用、現場発泡断熱材の場合は材工工事
外装工事　※6　材料と手間を分離し、材料を詳細に提示する方法
　　　　　※7　材料と手間を分離し、材料を全て複合する方法
　　　　　※8　全てを複合する方法
雑工事　　※9　定義された工事区分に含まれない工事を計上

▶表2　付帯工事の数量算出基準

工事区分	単位	材工区分	発注業者（例）	特記(含まれる資材、工事他)
1. 解体工事	一式	材工	解体工事業者	
2. 屋外給排水設備工事	一式	材工	給排水設備工事業者	
3. 空調設備工事	一式	材工	空調設備工事業者	
4. 外構工事	一式	材工	外構工事業者	
5. 照明器具工事	一式	材工	資材納入業者	電気設備工事業者の場合あり
6. 家具・カーテン工事	一式	材、材工	家具販売店、カーテン販売店	置き家具
7. 地盤改良・杭打ち工事	一式	材工	土木工事業者	

▶表3　別途工事の数量算出基準

工事区分	単位	材工区分	発注業者（例）	特記(含まれる資材、工事他)
1. 給排水取出工事	一式	材工	水道局（指定業者）	
2. 電気引込工事	一式	材工	電気会社	
3. ガス引込工事	一式	材工	ガス会社	

事例1　簡便でわかりやすい見積書

事例1　簡便でわかりやすい見積書

　　初期の営業段階で施主に提示するプレゼンテーション図面と仕様表（図1、表4）をもとに、前節の数量算出基準（拾い基準）に則って作成した見積書の要点を解説します。この段階では、構造図や設備図等の詳細な図面が作成されていないため、見積書の一部に概算的な要素が含まれます。実際の見積書と数量算出ポイントを併せて見ていきましょう。この見積書の単価は『積算資料ポケット版　住宅建築編2016年度版』の単価であり地域や社会情勢によって単価は変動しますので、ご注意ください。

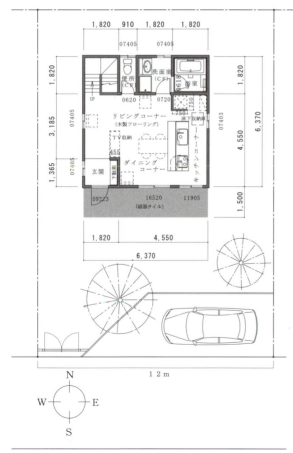

配置図・1階平面図

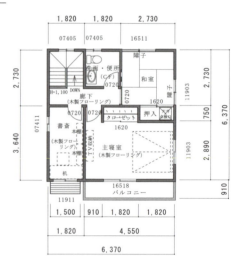

2階平面図

事例1　簡便でわかりやすい見積書

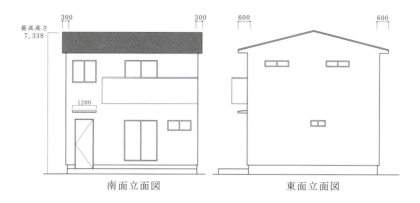

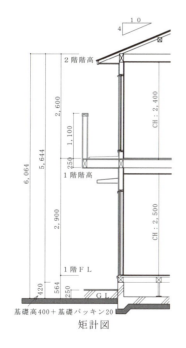

敷地面積	204.00㎡
建築面積	40.57㎡
1階床面積	40.57㎡
2階床面積	40.57㎡
延床面積	81.14㎡

▶図1　プレゼンテーション図面

▶表 4 仕様表

1. 面積表

■建築面積	40.57m²
■延床面積	81.14m²
1 階床面積	40.57m²
2 階床面積	40.57m²

2. 建築工事仕様

基　礎		ベタ基礎　鉄筋コンクリート造　立上り 400mm　天端 150mm
木工事		木造在来軸組構法　2 階建て　住宅金融支援機構フラット 35 対応　主要構造材：杉 KD 材特 1 等
		壁・天井とも石膏ボード：厚 12.5mm
	出入口枠	杉無節
	窓枠	杉無節　窓：4 方枠　掃出し：3 方枠
	幅木	杉無節　高さ 60mm
	洋室回り縁	なし
	和室枠	杉無節
	和室造作	杉無節
	階段	天然銘木ツキ板仕様
	床下収納	600 角
	天井点検口	ハッチ型
	下駄箱収納	造作家具
断熱材	床	A 種押出法ポリスチレンフォーム　厚 50mm
	壁	高性能グラスウール断熱材　厚 105mm　16kg
	天井	同上
屋根葺き材		化粧スレート葺き
樋・鈑金	軒樋	塩ビ製　一般用　角形　幅 75mm
	たて樋	塩ビ製　一般用　丸形　径 60mm
	庇（玄関）鈑金	塩ビ鋼板　厚 0.4mm　幅 450mm
バルコニー		FRP 防水　アルミ製笠木
外装仕上げ		窯業系サイディング　厚 16mm　塗装板
軒　天		化粧けい酸カルシウム無塗装板　現場塗装
外部建具		アルミ樹脂複合サッシ
玄関建具		アルミ製断熱玄関ドア
内部建具		フラッシュ注文建具　現場塗装

3. 内部仕上表

階数	室名	床	壁	天井
1階	玄関	磁器タイル	ビニルクロス	ビニルクロス
	LDK	木製フローリング	〃	〃
	洗面室	クッションフロア	〃	〃
	便所	〃	〃	〃
	階段室	—	〃	〃
2階	主寝室	木製フローリング	珪藻土	ビニルクロス
	クローゼット	〃	ビニルクロス	〃
	書斎	〃	〃	〃
	和室	畳	〃	木質系天井材
	押入れ	—	〃	ビニルクロス
	洗面・便所	クッションフロア	〃	〃
	廊下	木製フローリング	〃	〃
	階段室	—	〃	〃

4. 住宅設備機器仕様

システムキッチン	アイランド型　L2585タイプ　食洗機なし
システムバス	1616タイプ
洗面化粧台	L750 陶器 シングルレバーシャンプー水栓 2台
1階便器	温水洗浄便座　手洗あり
2階便器	〃　　　　　手洗なし
タオルリング	ステンレス製
紙巻器	1連　樹脂製
洗濯機用防水パン	740×640タイプ

5. 給排水設備

給　水	さや管ヘッダー方式
給　湯	〃
排　水	VU管

6. 給湯設備

ガス給湯器	潜熱回収型　屋外壁掛式 24 号　フルオート

7. 電気設備

電灯電線材	VVF
分電盤	12 回路
スイッチ	普及品
コンセント	〃
インターホン	液晶テレビ付き
換気システム	第1種全熱交換型セントラル換気
住宅用火災警報器	煙感知器　電池式　ワイヤレス連動

1 建築本体工事

A. 建築工事

(1) 仮設工事　　見積表 A-1

①水盛遣り方

建築面積を計上します。図1から建築面積が40.57m²とわかりますが、積算数量は小数点以下第2位を四捨五入し、40.6m²となります。

②外部足場

足場掛け面積で算出する場合と、施工床面積で算出する場合があります。事例では掛け面積で計算しています。それぞれの現場での架設計画によって実際の掛け面積は異なりますが、その都度、拾い基準を変動させることは非常に煩雑で運用上不可能です。平面図から外壁（バルコニー部分を含む）の外周の長さを拾い、X軸方向、Y軸方向のそれぞれの出隅部分に1mを加算した外周長に、建物の高さを乗じて掛け面積を算出します（図2）。

③メッシュシート

外部足場と同じ数量とします。外部足場に複合させた工事項目とする場合もあります。

④仮囲い

敷設の実長さを拾います。事例ではシート張りの仮囲いを前面道路部分に敷設する想定で、長さは12mです。

⑤仮設電気、⑥仮設水道、⑦仮設トイレ

通常は一式で計上します。

⑧養生費

工事中の主に床の養生費用です。ここでは施工床面積（表5）としています。

▶表5　施工床面積（養生費、クリーニング他）

部位		面積 (m²)	
1階	建築基準法による面積	40.57	
	その他の部分の面積	0.00	
2階	建築基準法による面積	40.57	
	その他の部分の面積（バルコニー）	4.14	積算数量
	合計	85.28	85.3m²

事例1　簡便でわかりやすい見積書

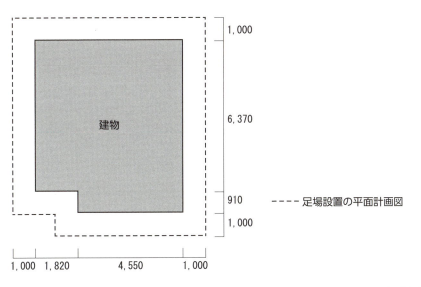

部位	数量算出	計算式	面積（m²）	積算数量
足場	{(X軸方向の最長辺＋2m)＋(Y軸方向の最長辺＋2m)}×2×最高高さ	{(6.37＋2)＋(6.37＋0.91＋2)}×2×7.34	259.10	259.1m²

▶図2　外部足場

▶見積表A-1　仮設工事の見積り

工事項目	規格・仕様	数量	単位	単価	金額	材工区分	拾い基準	特記事項
1. 仮設工事								
水盛遣り方	地縄　水杭　木造2階建て　延150m²程度	40.6	m²	350	14,210	材工	建築面積	
外部足場	ブラケット一側足場　高さ10m未満　存置3カ月	259.1	m²	1,180	305,738	材工	足場掛け面積	
メッシュシート	防炎　1類　存置3カ月	259.1	m²	480	124,368	材工	足場掛け面積	
仮囲い	シート張り　高3.0m　存置3カ月	12.0	m	2,420	29,040	材工	実長さ	前面道路に敷設
仮設電気	電力料金共（3～4カ月）20A　申請料含む	1	式		65,000	材工	一式	
仮設水道	水道料金共　水栓柱含む	1	式		35,000	材工	一式	
仮設トイレ	水洗式　大小兼用　存置3カ月　1人用	1	式		47,000	材工	一式	
養生費	床養生　発泡樹脂シート、養生テープ　厚2mm	85.3	m²	570	48,621	材工	施工床面積	
クリーニング	入居前クリーニング	85.3	m²	440	37,532	工	施工床面積	
発生材処分費	4t車　木くず、発生ガラなど	2	台	50,000	100,000	工	トラック台数	
	小計				806,509			

⑨クリーニング

施主への引き渡し直前に行うクリーニング工事です。通常は施工床面積としますが、実際に掛かる人工を計上するケースも見受けられます。

⑩発生材処分費

建築工事で発生した廃材は、産業廃棄物であり、適切な処分が必要です。本事例では、4tトラックの台数を計上しました。施工床面積で計上しているケースもあります。

（2）基礎工事　　見積表 A-2

近年、布基礎よりもベタ基礎が一般的になってきています。第1章51ページの図20で示した基礎図面をもとに、立上り部分（外周部と内周部）と耐圧版となる土間部を分けて拾います。これらを複合させて1階床面積当たりの単価を設定している工務店もあります。

①外周部立上り、②内周部立上り

外周部、内周部の延長さを拾います（図3）。

③底盤部（耐圧版）

耐圧版となる屋内部分の床面積を算出します（図4）。

④土間コンクリート（玄関・ポーチ部分）

屋内・屋外の玄関、ポーチ部分、テラス部分の床面積を算出します（図5）。

事例1　簡便でわかりやすい見積書

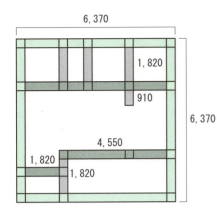

部位	数量算出	計算式	長さ（m）	積算数量
外周部	外周部長さ	6.37×4	25.48	25.5m

部位	数量算出	計算式	長さ（m）	
内周部①	内周部①長さ	6.37+1.82+4.55	12.74	積算数量
内周部②	内周部②長さ	1.82×4+0.91	8.19	
		合計	20.93	20.9m

▶図3　基礎立上り部

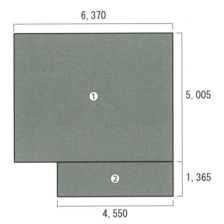

部位	数量算出	計算式	面積（m²）	
基礎底盤部（耐圧版）	底盤部①面積	6.37×5.005	31.88	
	底盤部②面積	4.55×1.365	6.21	積算数量
		合計	38.09	38.1m²

▶図4　基礎底盤部（耐圧版）

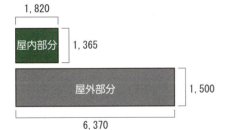

部位	数量算出	計算式	面積（m²）	
屋内部分	屋内部分面積	1.82×1.365	2.48	
屋外部分	屋外部分面積	6.37×1.5	9.55	積算数量
		合計	12.03	12.0m²

▶図5　土間コンクリート（玄関・ポーチ部分）

▶見積表 A-2　基礎工事の見積り

工事項目	規格・仕様	数量	単位	単価	金額	材工区分	拾い基準	特記事項
2. 基礎工事								
鉄筋コンクリートベタ基礎	外周部　立上り幅150mm	25.5	m	13,900	354,450	材工	延長さ	
〃	内周部　立上り幅150mm	20.9	m	10,900	227,810	材工	延長さ	
〃	底盤部（耐圧版）厚200mm　D13＠300 ダブル	38.1	m²	8,410	320,421	材工	実面積	
土間コンクリート（玄関・ポーチ部分）	鉄筋コンクリート　厚120mm　金ごて仕上げ	12.0	m²	5,590	67,080	材工	実面積	
	小計				969,761			

第2章●新築工事の見積書の作成

(3) 木工事　　見積表 A-3

①木材費（構造材・羽柄材）

　プレカット業者が、意匠図をもとに構造計画（梁の断面の算定まで含む）を策定し、その結果をもとにして構造図を作成し、木拾い、製材のカット、継手・仕口の加工まで一貫して行う場合が多くなっています。

　実際に掛かる構造材費は、施主との設計内容が確定した後、上記のプロセスの中でプレカット業者が提出する見積書が出てこないと確定できません。しかしながら、施主との契約締結はもっと早い段階となりますので、概括的な構造費を算出する必要があります。そのような理由により、一般的には直近の半年から1年程度の間に実際に発生した構造材費を根拠とした施工床面積当たりのm^2単価を設定している場合が多いと思います。事例では、この方法で施工床面積の金額を算出しました。

②プレカット加工料金

　木材費と同様に施工床面積当たりのm^2単価から金額を算出します。

③クレーン代

　一般的な 4.9t 吊りのクレーン車を使用した1日上棟とし、1台計上します。

④石膏ボード（壁）

　開口部分を呼称寸法で差し引いた内壁面積を算出します（表6）。計算式は壁面積（壁の周長×天井高）−開口面積となります。2階階段室の手すり壁の立上り高さは1.1mとしています。浴室の壁にも石膏ボードを張ります。洗面室や便所、浴室等の水回りを防水石膏ボードにする場合もあります。

▶表6　内壁面積

室名		壁面積 (m²)			開口面積 (m²)					内壁面積 a−b (m²)
		仕上材	計算式 (壁長×天井高)	a. 面積 (m²)	種別	サイズ	箇所数	計算式	b. 面積 (m²)	
1階	玄関・LDK	ビニルクロス	27.57×2.5	68.92	外部	09223	1	0.92×2.3×1	2.11	59.36
						16520	1	1.65×2.0×1	3.30	
						11905	1	1.19×0.5×1	0.59	
						07403	1	0.74×0.3×1	0.22	
						07405	2	0.74×0.5×2	0.74	
					内部	0720	1	0.7×2.0×1	1.40	
						0620	1	0.6×2.0×1	1.20	
								開口部小計	9.56	
	洗面室	ビニルクロス	7.28×2.5	18.20	外部	07405	1	0.74×0.5×1	0.37	15.35
					内部	0720	1	0.7×2.0×1	1.40	
						0618	1	0.6×1.8×1	1.08	
								開口部小計	2.85	
	便所	ビニルクロス	5.46×2.5	13.65	外部	07405	1	0.74×0.5×1	0.37	12.08
						0620	1	0.6×2.0×1	1.20	
								開口部小計	1.57	
	浴室	—	7.28×2	14.56	内部	0618	1	0.6×1.8×1	1.08	13.48
	階段室	ビニルクロス	8.19×2.5	20.47	—	—	—	—	—	20.48
2階	主寝室	珪藻土	16.38×2.4	39.31	外部	16518	1	1.65×1.8×1	2.97	31.39
						11903	1	1.19×0.3×1	0.35	
					内部	1620	1	1.6×2.0×1	3.20	
						0720	1	0.7×2.0×1	1.40	
								開口部小計	7.92	
	クローゼット	ビニルクロス	5.14×2.4	12.33	内部	1620	1	1.6×2.0×1	3.20	9.13
	書斎	ビニルクロス	10.92×2.4	26.20	外部	11911	1	1.19×1.1×1	1.30	22.69
						07411	1	0.74×1.1	0.81	
					内部	0720	1	0.7×2.0×1	1.40	
								開口部小計	3.51	
	和室	ビニルクロス	10.92×2.4	26.20	外部	11903	1	1.19×0.3×1	0.35	19.44
						16511	1	1.65×1.1×1	1.81	
					内部	1620	1	1.6×2.0×1	3.20	
						0720	1	0.7×2.0×1	1.40	
								開口部小計	6.76	
	押入れ	ビニルクロス	5.14×2.4	12.33	内部	1620	1	1.6×2.0×1	3.20	9.13
	洗面・便所	ビニルクロス	7.28×2.4	17.47	外部	07405	1	0.74×0.5×1	0.37	15.70
					内部	0720	1	0.7×2.0×1	1.40	
								開口部小計	1.77	
	廊下・階段	ビニルクロス	12.74×2.4	30.57	外部	07405	1	0.74×0.5×1	0.37	30.00
			3.64×1.1	4.00	内部	0720	3	0.7×2.0×3	4.20	
			小計	34.57				開口部小計	4.57	
								合計（石膏ボード張り面積）	258.23	258.2m²
								ビニルクロス壁面積	213.36	213.4m²
								珪藻土壁面積	31.39	31.4m²

積算数量

▶表7　天井面積

室名		仕上材	計算式	天井面積 (m²)
1階	玄関・LDK	ビニルクロス	6.37×4.55	28.98
	洗面室	ビニルクロス	1.82×1.82	3.31
	便所	ビニルクロス	0.91×1.82	1.65
	浴室	―	1.82×1.82	3.31
	階段室	―	―	―
2階	主寝室	ビニルクロス	(4.55×2.89)+(0.91×0.75)	13.83
	クローゼット	ビニルクロス	1.82×0.75	1.36
	書斎	ビニルクロス	1.82×3.64	6.62
	和室	木質系天井材	2.73×2.73	7.45
	押入れ	ビニルクロス	1.82×0.75	1.36
	洗面・便所	ビニルクロス	1.82×1.82	3.31
	廊下	ビニルクロス	3.64×0.91	3.31
	階段室	ビニルクロス	1.82×1.82	3.31
				積算数量
合計（石膏ボード張り面積）				77.80　77.8m²
ビニルクロス壁面積				67.04　67.0m²
木質系天井材面積				7.45　7.5m²

⑤石膏ボード（天井）

　各室の天井面積を算出します（表7）。天井がない部分（1階階段室部分）は含みません。壁と同様に浴室の天井にも石膏ボードを張ります。洗面室や便所、浴室を防水石膏ボードにする場合もあります。

⑥軒天用化粧けい酸カルシウム板

　屋根とバルコニーの軒裏天井に化粧けい酸カルシウム板を張る仕様です。それぞれの面積の合計が積算数量となります。屋根の軒天は屋根の水平投影面積から建物の水平投影面積を差し引いて算出します。勾配軒天の場合は勾配係数（表8）を乗じますが、事例は水平軒天ですので係数は1.0となります（図6）。

▶表8　勾配係数

屋根勾配	勾配係数
1寸	1.00
2寸	1.02
3寸	1.04
4寸	1.08
5寸	1.12
6寸	1.17
8寸	1.28
10寸	1.41

■勾配係数の求め方
例：屋根勾配4寸の場合
$\sqrt{10^2+4^2}=\sqrt{116}≒10.8$
勾配係数は 10.8÷10＝1.08

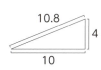

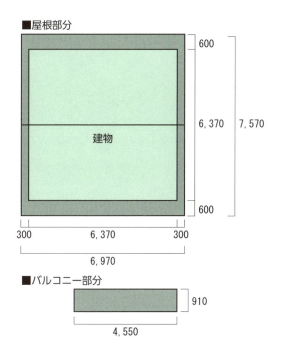

部位	数量算出	計算式	面積（m²）	
屋根部分	軒天面積×勾配係数	(6.97×7.57−6.37×6.37)×1.0	12.18	
バルコニー部分	バルコニー床面積	4.55×0.91	4.14	積算数量
		合計	16.32	16.3m²

▶図6　軒天面積

⑦洋室窓枠

この事例では杉材を大工が加工して窓枠を造り付けます。腰窓は4方枠、掃出し窓は3方枠として、開口呼称寸法の延長さを算出します(表9)。

高断熱サッシの普及により窓回りの結露が解消され、腰窓を膳板納まり(下枠のみ)、掃出し窓は枠なしとする場合も多くなってきました。

⑧洋室建具枠

建具工事業者で製作する注文建具仕様のため、建具枠は木工事で材料費と製作・取り付けの労務費(大工工事)を計上します。事例では箇所数を拾います。建具本体の材料費と吊り込み手間は木製建具工事で計上します。

メーカー製の枠付建具を採用する場合は、木工事では取付工事(工)のみとし、枠と建具は、建具工事(材)に計上します。

⑨洋室幅木

各室の壁の周長から掃出し窓と内部建具の開口寸法を、呼称寸法で差し引いて算出します。収納・物入れ・クローゼット等の内部も同様の方法で算出します(表10)。

⑩木製フローリング(複合)

該当する室の床面積を算出します(表11)。

⑪玄関框

事例では定尺ものを使用します。2mものを1本算入しました。

⑫階段

セット品として箇所単位で見積ります。

▶表9　洋室窓枠

室名		開口寸法(呼称)	箇所数	種別	計算式	長さ(m)
1階	リビング・ダイニング	16520	1	3方枠	1.65＋(2.0×2)	5.65
		11905	1	4方枠	(1.19＋0.5)×2	3.38
		07403	1	4方枠	(0.74＋0.3)×2	2.08
		07405	2	4方枠	{(0.74＋0.5)×2}×2	4.96
	洗面室	07405	1	4方枠	(0.74＋0.5)×2	2.48
	便所	07405	1	4方枠	(0.74＋0.5)×2	2.48
2階	主寝室	16518	1	4方枠※	(1.65＋1.8)×2	6.90
		11903	1	4方枠	(1.19＋0.3)×2	2.98
	書斎	11911	1	4方枠	(1.19＋1.1)×2	4.58
		07411	1	4方枠	(0.74＋1.1)×2	3.68
	洗面・便所	07405	1	4方枠	(0.74＋0.5)×2	2.48
	階段室	07405	1	4方枠	(0.74＋0.5)×2	2.48
					合計 44.13	積算数量 44.1m

※ 2階主寝室の掃出し開口は、高さ1.8mサッシ上端を2mの高さで取り付けるので、サッシ下端に20cmの壁ができ、4方枠となる

▶表10　洋室幅木

室名		部分	a. 室周長（m）		開口部長さ（m）			長さa－b(m)
					外部(掃出し)	内部	b. 小計	
1階	リビングダイニング玄関	室の周長	(6.37＋4.55)×2	21.84	0.92＋1.65	0.7＋0.6	3.87	17.97
		階段上がり口	－0.91	－0.91	—	—	—	－0.91
		下駄箱	(1.365＋0.455)×2	3.64	—	—	—	3.64
		冷蔵庫	0.75×4	3.00	—	—	—	3.00
	洗面室	—	1.82×4	7.28		0.7	0.70	6.58
	便所	—	(0.91＋1.82)×2	5.46		0.6	0.60	4.86
2階	主寝室	—	(4.55＋3.64)×2	16.38	※	1.6＋0.7	2.30	14.08
	クローゼット	—	(1.82＋0.75)×2	5.14		1.6	1.60	3.54
	書斎	—	(1.82＋3.64)×2	10.92		0.7	0.70	10.22
	洗面・便所	—	1.82×4	7.28		0.7	0.70	6.58
	廊下	室の周長	3.64＋0.91＋1.82＋0.91	7.28		0.7＋0.7	1.40	5.88
	階段室	階段手すり	1.92	1.92	—	—		1.92
			室周長合計	89.23		開口部合計	11.87 77.36	積算数量 77.4m

※ 2階主寝室の掃出し開口は、高さ1.8mサッシ上端を2mの高さで取り付けるので、サッシ下端に20cmの壁ができ、幅木が回る

▶表11　木製フローリング

室名		数量算出	計算式	面積（m²）
1階	リビング・ダイニング	床面積	(4.55×4.55)＋(1.82×3.185)	26.49
2階	主寝室	床面積	(4.55×2.89)＋(0.91×0.75)	13.83
	クローゼット	床面積	1.82×0.75	1.36
	書斎	床面積	1.82×3.64	6.62
	廊下	床面積	3.64×0.91	3.31
			合計	51.61　積算数量 51.6m²

⑬和室戸襖枠、⑭和室押入れ枠、⑮和室障子枠

開口サイズ別に箇所単位で数量を拾います。

⑯和室畳寄せ

和室床部分の内周長さを算出します（表12）。

⑰和室回り縁

和室天井部分の内周長さを算出します（表13）。

⑱和室木質系天井

和室の天井部分の面積を算出します（表14）。

⑲和室押入れ

セット品として箇所数を拾います。

㉒造作家具（大工工事）

大工工事で製作する家具が対象です。本事例では、第1章の50ページで求めた下駄箱収納のみが造作家具として設置することになっています。1台当たりの金額を算入します。

㉓副資材（釘・金物・接着剤等）

これらの資材は、大工が調達するのが一般的でしたが、現在の木造住宅では高い耐震性能が要求されるため、工務店から支給されるようになっています。

本事例では、施工床面積当たりのm^2単価を設定して算出しています。

㉔大工工事

一時代前は、大工の工数は下小屋での構造材の加工作業と現場での組立作業（建て前も含む）で坪2人工程度、造作工事で坪2人工程度、合計坪4人工前後が目安でした。現在は、構造材のみならず羽柄材までプレカット工場で加工されるようになりました。さらに建具や造作材の工業製品化により、現場工数も随分減少し、一般的な住宅の場合では坪2人工程度となってきています。

どの工事が大工工事に含まれているかによっても単価は異なります。フェルト状やボード状の断熱材の施工費は大工工事に含まれますが、吹込み用や現場発泡断熱材の場合は大工工事に含まず断熱工事に材工工事として計上します。サイディングの下地胴縁の取り付けは大工工事となる場合と、サイディング工事（外装工事）となる場合があります。

本事例では、断熱材の取り付けは大工工事として施工床面積当たりのm^2単価に含みました。サイディングの下地胴縁の取り付けは外装工事としています。

▶表12 和室畳寄せ

部位	数量算出	計算式	長さ(m)	積算数量
畳寄せ	室の内周長さ	2.73×4	10.92	10.9m

▶表13 和室回り縁

部位	数量算出	計算式	長さ(m)	積算数量
回り縁	室の内周長さ	2.73×4	10.92	10.9m

▶表14 和室木質系天井

部位	数量算出	計算式	面積(m²)	積算数量
和室天井	天井面積	2.73×2.73	7.45	7.5m²

▶見積表A-3 木工事の見積り

工事項目	規格・仕様	数量	単位	単価	金額	材工区分	拾い基準	特記事項
3. 木工事								
木材費（構造材・羽柄材）	木造2階建て フラット35対応 杉（KD）特1等	85.3	m²	16,400	1,398,920	材	施工床面積	
プレカット加工料金	標準仕様 内外壁大壁構	85.3	m²	1,960	167,188	材	施工床面積	
クレーン代	4.9t吊り オペレーター付き	1	台	29,000	29,000	材工	実台数	
石膏ボード（壁）	不燃 12.5mm 910×2420	259.0	m²	300	77,700	材	内壁面積	
〃　　（天井）	不燃 12.5mm 910×1820	77.8	m²	300	23,340	材	天井面積	
【外部造作】								
軒天用化粧けい酸カルシウム板	不燃 60×910×1820 無塗装板	16.3	m²	1,380	22,494	材	軒天面積	
【内部造作】								
洋室　窓枠	杉無節 見付30mm 見込100mm	44.1	m	1,890	83,349	材	延長さ	4方枠（掃出し3方枠）
〃　建具枠	杉無節 片開き幅700×高2000mm 枠見込100mm	5	カ所	19,100	95,500	材	箇所数	建具は建具工事
〃　幅木	杉無節 高さ60mm	77.4	m	690	53,406	材	延長さ	
木製フローリング（複合）	12×303×1818 3P単板張り 基材：合板 塗装品	51.6	m²	5,000	258,000	材	実面積	
玄関框	オーク 150×90 2m	1	カ所	35,000	35,000	材	箇所数	
階段	天然銘木ツキ板	1	セット	135,000	135,000	材	箇所数	
【和室造作】								
戸襖枠	杉無節 片引き用 1620	1	カ所	20,000	20,000	材	箇所数	建具は建具工事
押入れ枠	杉無節 引違い用 1620	1	カ所	23,700	23,700	材	箇所数	建具は建具工事
障子枠	杉無節 16511	1	カ所	16,600	16,600	材	箇所数	建具は建具工事
〃	杉無節 11903	1	カ所	8,020	8,020	材	箇所数	建具は建具工事
畳寄せ	杉無節	10.9	m	930	10,137	材	延長さ	
回り縁	杉無節 30×30	10.9	m	510	5,559	材	延長さ	
木質系天井材	本実和室天井	7.5	m²	3,090	23,175	材	実面積	
押入れ	幅1620 奥行750	1	カ所	48,000	48,000	材	箇所数	セット品
【造作家具】								
下駄箱収納		1	台	144,487	144,487	材工	別途計算	第1章で算出
【副資材】								
釘・金物・接着剤等		85.3	m²	1,650	140,745	材	施工床面積	
大工工事	木造2階建て 建て方・造作工事	85.3	m²	20,000	1,706,000	工	施工床面積	
	小計				4,525,320			

(4) 断熱工事　　見積表 A-4

住宅に求められる断熱性能は飛躍的に高くなってきています。それに呼応して、グラスウールやロックウール等のフェルト状の断熱材の他に、ボード状の断熱材（ポリスチレンフォーム）や吹込み用の断熱材（セルローズファイバー等）、現場発泡の吹付け断熱（ウレタン系等）などの高性能な断熱材も使用されています。

従前は、断熱工事は木工事の一部として計上される場合がありましたが、上記のように、住宅の高断熱化に伴い多種多様な断熱材が使われるようになっているため、本書では独立した工事区分としました。フェルト状やボード状の断熱材の場合は材料費を本工事区分で計上し、取り付けは大工工事となります。吹込み用や現場発泡の吹付け断熱材の場合は、専門業者が施工するので断熱工事で材工工事として計上します。

①床断熱工事

仕様書の通り、ボード状の断熱材を1階床下に敷き込むため、積算数量は床面積から玄関・浴室部分の床面積を除した面積となります（表15）。

②壁断熱工事

壁芯計算で外部開口を呼称寸法で差し引いた外壁面積を算入します（表16、93ページ図9）。事例ではフェルト状断熱材（グラスウール）を使用するため、材料費のみの計上となり、取付手間は大工工事で計上します。

③天井断熱工事

フェルト状の断熱材（グラスウール）を2階の天井裏に敷き込む仕様のため、2階の天井面積を算入し、材料費のみ計上します（表17）。取付手間は大工工事とします。

現場発泡吹付断熱の場合は、小屋裏の野地合板の下部に吹き付けます。材工工事として屋根の勾配係数を勘案します。

▶表 15　床断熱材

室名		数量算出	計算式	面積（m²）	積算数量
1 階	リビング・ダイニング	床面積	(4.55×4.55)＋(1.82×3.185)	26.49	
	洗面室	床面積	1.82×1.82	3.31	
	便所	床面積	0.91×1.82	1.65	
	階段室	床面積	1.82×1.82	3.31	
			合計	34.76	34.8m²

▶表 16　壁断熱材

部位	数量算出	計算式	面積（m²）	積算数量
壁断熱材	外周長×外壁仕上げ部分高さ	(6.37×4)×5.644	143.80	
	矢切部分の面積	(6.37×1.27)÷2×2	8.08	
	外部開口部面積	図 9 参照	−16.04	
		合計	135.84	135.8 m²

▶表 17　天井断熱材

部位	数量算出	計算式	面積（m²）	積算数量
天井断熱材	2 階天井部分面積	6.37×6.37	40.57	40.6m²

▶見積表 A-4　断熱工事の見積り

工事項目	規格・仕様	数量	単位	単価	金額	材工区分	拾い基準	特記事項
4. 断熱工事								
床断熱材	A 種押出法ポリスチレンフォーム保温板 2 種　厚 50	34.8	m²	1,450	50,460	材	1 階対象床面積	玄関、浴室除く
壁断熱材	高性能グラスウール断熱材 厚 105　密度 16 kg/m³	135.8	m²	1,100	149,380	材	外壁面積	
天井断熱材	高性能グラスウール断熱材 厚 105　密度 16 kg/m³	40.6	m²	1,100	44,600	材	2 階天井面積	
	小計				244,500			

（5）屋根・鈑金工事　　見積表 A-5

①下葺き

屋根の野地板に貼る防水紙（ルーフィング）は耐久性の高いゴムアスファルト系の仕様です。屋根の葺き面積は軒の出、妻の出の設計寸法を加算して計算します（図7）。

②屋根葺き（化粧スレート）

葺き面積の算出基準は下葺きと同じです。化粧スレート葺きと下葺きの複合単価とする場合もありますが、事例ではそれぞれを分けて算出しています。

事例では、一般的に使われている化粧スレートが屋根葺き材料です。ガルバリウム鋼板等の金属製屋根葺き材も使われていますが、平葺きや瓦棒葺き等の種類により単価が異なります。

③軒樋

軒部分の長さを拾います。妻の出は設計寸法とします（表18）。

④たて樋

たて樋を配置する屋根からは軒高、バルコニーからは床面からの長さの合計を算出します（表18）。一般的には屋根の軒の部分の両端に取り付けられますが、下屋がある場合は2階の軒樋の一部が1階の下屋の屋根葺き部分を這う場合もあります。本事例では軒天を水平に張るため、屋根勾配分の長さが短くなりますが、その分は考慮していません。影響する金額が数千円未満であり、拾いの効率を優先しました。集水器や受金物もたて樋のm単価に含めています。

1/100程度の概略図ではたて樋の位置が描かれていないことが多く、実際の取付箇所と不整合が起こることがありますので、注意が必要です。

⑤庇（玄関）

玄関や勝手口に鈑金で庇を付ける場合の軒部分の長さを拾います。単価は出幅寸法別に設定します。

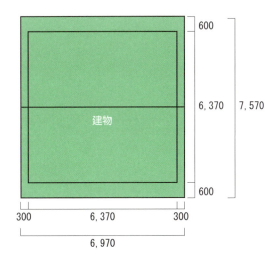

部位	数量算出	計算式	面積(m²)	積算数量
屋根	水平投影面積×勾配係数	(6.97×7.57)×1.08	56.98	57.0m²

▶図7　屋根

▶表18　樋

部位	数量算出	計算式	長さ（m）	積算数量
軒樋	(軒の長さ＋妻の出)×設置箇所数	{6.37＋(0.3×2)}×2	13.94	13.9m
たて樋	高さ×設置箇所数	6.064×4＋(2.9＋0.564)×1	27.72	27.7m

▶見積表 A-5　屋根・鈑金工事の見積り

工事項目	規格・仕様	数量	単位	単価	金額	材工区分	拾い基準	特記事項
5. 屋根・鈑金工事								
下葺き	改質アスファルトルーフィング ゴムアスファルト系	57.0	m²	1,220	69,540	材工	屋根面積	
屋根葺き	化粧スレート　切妻　標準役物共	57.0	m²	5,000	285,000	材工	屋根面積	
軒樋	塩ビ製　一般用　角形　幅75	13.9	m	3,150	43,785	材工	延長さ	
たて樋	塩ビ製　一般用　丸形　径60	27.7	m	2,850	78,945	材工	延長さ	階高で算出
庇（玄関）	塩ビ鋼板　厚0.4mm　幅450	1.2	m	2,980	3,576	材工	延長さ	
	小計				480,846			

(6) 防水工事　　見積表 A-6

バルコニーに FRP 防水工事を施すため、床面積を算出します。立上り部分も含めた m² 単価を設定します（表19）。

(7) 石・タイル工事　　見積表 A-7

①玄関・ポーチ・テラス床タイル（材料）

建物外部は実長さで、内部は壁芯で面積を算出します。外部立上り部分は、GL から 10cm 立下げて、内部の立上り部分は実高さで面積計算します。事例は、ノンスリップ等の役物を使わない納まりとなっていますが、役物がある場合は別に拾います（図8）。

②玄関・ポーチ・テラス床タイル（手間）

数量の算出基準は上記と同じです。材料と手間を複合した単価を設定する場合もあります。

(8) 左官工事　　見積表 A-8

①基礎刷毛引き

外部基礎の周長から玄関部分の開口幅を差し引き、基礎立上りの高さを乗じて算出します（表20）。

②珪藻土塗り

事例では主寝室を珪藻土塗り仕様としています。主寝室の壁の面積を拾います（77 ページ、表6）。

■タイル立上り（太線部分）：400−250＝150 mm

■タイル立下り（太線部分）：250（地上部分）＋100（地中部分）＝350 mm

部位		数量算出	計算式	面積（m²）	
屋内部分	面部分	実面積	1.82×1.365	2.48	
	立上り部分	実面積	{(1.365＋1.82)×2−0.9}×0.15	0.82	
屋外部分	平面部分	実面積	6.37×1.5	9.55	
	立下り部分	実面積	(1.5＋6.37＋1.5)×0.35	3.27	積算数量
			合計	16.12	16.1m²

▶図8　玄関・ポーチ・テラス床タイル

▶表19　バルコニー床

部位	数量算出	計算式	面積 (m²)	積算数量
バルコニー	床面積	4.55×0.91	4.14	4.1m²

▶見積表 A-6　防水工事の見積り

工事項目	規格・仕様	数量	単位	単価	金額	材工区分	拾い基準	特記事項
6. 防水工事								
バルコニー床	FRP 防水	4.1	m²	20,000	82,000	材工	床面積	立上りも含む
	小計				82,000			

▶見積表 A-7　石・タイル工事の見積り

工事項目	規格・仕様	数量	単位	単価	金額	材工区分	拾い基準	特記事項
7. 石・タイル工事								
玄関・ポーチ・テラス床タイル（材料）	150 角平　無釉　圧着張り	16.1	m²	7,980	128,478	材	実面積	実面積、張下げ 10 cm
玄関・ポーチ・テラス床タイル（手間）	150 角平　無釉　圧着張り	16.1	m²	4,970	80,017	工	実面積	実面積、張下げ 10 cm
	小計				208,495			

▶表20　基礎幅木

部位	数量算出	計算式	面積 (m²)	積算数量
基礎幅木	（建物外周長－玄関開口部）×立上り高さ	(6.37×4－0.92)×0.40	9.82	9.8m²

▶見積表 A-8　左官工事の見積り

工事項目	規格・仕様	数量	単位	単価	金額	材工区分	拾い基準	特記事項
8. 左官工事								
基礎刷毛引き		9.8	m²	2,370	23,226	材工	実面積	
珪藻土塗り	下塗 5mm＋上塗 2mm	31.4	m²	4,650	146,010	材工	実面積	
	小計				169,236			

（9）外部建具工事　　見積表 A-9

①玄関建具

　金属製の玄関ドアの場合は、本工事区分にセット数を計上します。木製の玄関ドアの場合は、木製建具工事での計上となります。

②住宅用アルミサッシ

　種別ごとの数量を拾います。木造住宅ではアルミサッシ枠・サッシ障子・ガラスの費用も複合させた単価設定とすることが一般的です。

（10）内部建具工事　　見積表 A-10

　建具工事業者が採寸・製作・取り付けを行う注文建具を設置する仕様です。建具本体の材料費と吊り込み手間を材工で計上します。建具枠は材料費、施工費とも木工事としています。メーカー品の吊り込み建具の場合は、セット品として材料費のみを本工事区分で計上し、取り付けは木工事の大工工事となります。

①フラッシュドア注文建具、②クローゼットドア

　それぞれの建具の数を拾います。

③和室戸襖、④和室押入れ襖、⑤和室障子

　同様に、それぞれの本数を拾います。

（11）塗装工事　　見積表 A-11

　窯業系や金属系の外壁材の採用、造作材や建具などの工場塗装化やオレフィンシート等の貼物資材の普及が進み、塗装工事業者の出番がめっきり減ってきましたが、本事例では軒裏天井塗装と建具塗装の工事項目があります。

①外部塗装工事（軒天塗装）

　屋根とバルコニーの軒天井部分の面積を算出します（78ページ、図6）。

②内部塗装工事（木製建具塗装）

　建具工事業者が製作する木製建具には塗装が必要です。建具の箇所数を拾います。

（12）外装工事　　見積表 A-12

　サイディング工事が対象です。本事例では、材料費と工事費を別計上にしています。これらを複合した材工共単価としている場合もあります。

▶見積表 A-9　外部建具工事の見積り

工事項目	規格・仕様	数量	単位	単価	金額	材工区分	拾い基準	特記事項
9. 外部建具工事								
玄関建具	アルミ玄関ドア　W922 H2330	1	セット	187,000	187,000	材	箇所数	
住宅用アルミサッシ（防火窓）	アルミ樹脂複合サッシ 07403（網戸込み）	1	カ所	78,440	78,440	材	箇所数	
〃	〃　　07405（網戸込み）	6	カ所	82,820	496,920	材	箇所数	
〃	〃　　07411（網戸込み）	1	カ所	98,980	98,980	材	箇所数	
〃	〃　　11903（網戸込み）	2	カ所	88,360	176,720	材	箇所数	
〃	〃　　11905（網戸込み）	1	カ所	93,220	93,220	材	箇所数	
〃	〃　　11911（網戸込み）	1	カ所	122,780	122,780	材	箇所数	
〃	〃　　16511（網戸込み）	1	カ所	147,140	147,140	材	箇所数	
〃	〃　　16518（網戸込み）	1	カ所	203,420	203,420	材	箇所数	
〃	〃　　16520（網戸込み）	1	カ所	223,780	223,780	材	箇所数	
	小計				1,828,400			

▶見積表 A-10　内部建具工事の見積り

工事項目	規格・仕様	数量	単位	単価	金額	材工区分	拾い基準	特記事項
10. 内部建具工事								
フラッシュドア注文建具	無地フラッシュ扉　0720 程度	5	カ所	43,500	217,500	材工	箇所数	枠は木工事で計上
クローゼットドア	2 枚扉　W1645 H2032	1	カ所	73,900	73,900	材工	箇所数	枠は木工事で計上
和室　戸襖	0720	1	枚	17,000	17,000	材工	箇所数	枠は木工事で計上
〃　押入れ襖	1620　新鳥の子	1	枚	15,000	15,000	材工	箇所数	枠は木工事で計上
〃　障子	16511	1	枚	23,600	23,600	材工	箇所数	枠は木工事で計上
〃　〃	11903	1	枚	17,000	17,000	材工	箇所数	枠は木工事で計上
	小計				364,000			

▶見積表 A-11　塗装工事の見積り

工事項目	規格・仕様	数量	単位	単価	金額	材工区分	拾い基準	特記事項
11. 塗装工事								
軒天塗装	EP 塗装	16.3	m²	1,240	20,212	材工	軒天面積	
木製建具塗装	クリアラッカー仕上げ　枠・建具	5	枚	15,000	75,000	材工	箇所数	
	小計				95,212			

▶見積表 A-12　外装工事の見積り

工事項目	規格・仕様	数量	単位	単価	金額	材工区分	拾い基準	特記事項
12. 外装工事								
サイディング（材料）	窯業系　16mm　塗装板	151.4	m²	5,640	853,896	材	外壁面積	胴縁、役物、コーキング含む
〃　　　（手間）	窯業系　16mm　塗装板	151.4	m²	4,080	617,712	工	外壁面積	胴縁、役物、コーキング工事含む
	小計				1,471,608			

数量は、壁芯計算で、外部開口を呼称寸法で差し引いた外壁面積を算入します。

①サイディング工事（材料）

単価には下地の胴縁、コーナー等の役物も含んでいます。役物を別項目として細かく拾う場合もあります（図9）。

②サイディング工事（手間）

サイディング工事の材料費の面積と同じです。サイディングの取付手間の他に、下地の胴縁工事、シーリング工事も含まれます。

（13）内装工事　　見積表A-13

木製フローリングは木工事で計上しますので、それ以外の床仕上げ（クッションフロア、畳等）と壁・天井のクロス貼りを計上します。

①クッションフロア貼り

洗面室・トイレの床面積を拾います（表21）。

②畳

サイズ別に枚数を拾います。

③壁クロス貼り、④天井クロス貼り

壁面積を壁芯計算で求め、開口部は呼称寸法から算出した面積を差し引きます（77ページ、表6）。本事例では材料費と施工費を複合させた材工工事として項目を設定しています。

1階階段室の壁面は階段設置後にクロスを貼るため、壁面の下部半面程度はクロスを貼らないことになりますが、壁部分の面積の削減は行いません。金額に与える影響は数千円程度であるにもかかわらず、拾いの手間が掛かりすぎるのが理由です。

▶表21　クッションフロア

室名		数量算出	計算式	面積（m²）	
1階	洗面室	床面積	1.82×1.82	3.31	
	便所	床面積	0.91×1.82	1.65	
2階	洗面・便所	床面積	1.82×1.82	3.31	積算数量
			合計	8.27	8.3m²

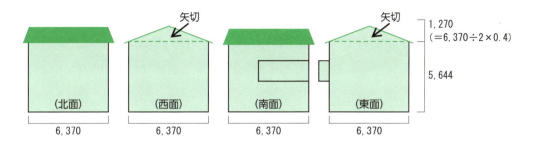

■外壁面積（外部開口部差し引く前）

部位	数量算出	計算式	面積（m²）
外壁	外周長×外壁仕上げ部分の高さ	(6.37×4)×5.644	143.80
バルコニー		(0.91＋4.55＋0.91)×(1.1＋0.25)＋(0.91＋4.55＋0.91)×1.1	15.60
矢切	矢切面積×箇所数	(6.37×1.27)÷2×2	8.08
		合計	167.48

■外部開口部面積

部位	開口面積（m²）			
	サイズ	箇所数	計算式	面積(m²)
1階	09223	1	0.92×2.3×1	2.11
	16520	1	1.65×2.0×1	3.30
	11905	1	1.19×0.5×1	0.59
	07403	1	0.74×0.3×1	0.22
	07405	4	0.74×0.5×4	1.48
2階	11911	1	1.19×1.1×1	1.30
	16518	1	1.65×1.8×1	2.97
	11903	2	1.19×0.3×2	0.71
	16511	1	1.65×1.1×1	1.81
	07405	2	0.74×0.5×2	0.74
	07411	1	0.74×1.1×1	0.81
			合計	16.04

■外壁面積

数量算出	計算式	面積(m²)	積算数量
外壁面積－外部開口部面積	167.48－16.04	151.44	151.4m²

▶図9　外壁

▶見積表 A-13　内装工事の見積り

工事項目	規格・仕様	数量	単位	単価	金額	材工区分	拾い基準	特記事項
13. 内装工事								
クッションフロア貼り	クッションフロア（発泡層あり）厚1.8mm　一般工法	8.3	m²	2,420	20,086	材工	実面積	トイレ、洗面室
畳	新規　縁無　0.5畳	1	枚	9,450	9,450	材工	実枚数	
〃	新規　縁無　1畳	4	枚	13,650	54,600	材工	実枚数	
壁クロス貼り	普及品	213.4	m²	1,050	224,070	材工	実面積	
天井クロス貼り	普及品	67.0	m²	1,050	70,350	材工	実面積	
				小計	378,556			

(14) 住宅設備機器工事　　見積表 A-14

　システムキッチンやシステムバス（ユニットバス）等の住宅設備機器は、雑工事や給排水設備工事の一部として計上する場合もありますが、住宅を構成する重要なアイテムであり、本書では、独立した工事区分としました。

①システムキッチン（材料、手間）、②システムバス（材料、手間）

　セット数を拾います。据え付けは専門業者が行います。材料費と据付手間を別項目として計上する方が金額の妥当性を判断するには好都合だと思います。

③洗面化粧台、④便器（1階、2階）、⑤紙巻器、⑥タオルリング、⑦洗濯機用防水パン

　セット数を拾います。設置は給排水設備工事業者が行うため、給排水設備工事として計上します。

⑧洗濯機用水栓

　洗濯機用水栓を計上します。それ以外の水栓は住宅設備機器のセットに含まれます。

(15) 雑工事　　見積表 A-15

　雑工事とは、定義された工事区分に含むことが難しい工事や資材を計上するための工事区分で、極力少なくする方が良いと考えます。事例では定義された工事区分の範囲内に収めにくい次の資材を雑工事として計上しました。これらの資材の取り付けは大工が行うため、木工事で計上します。防蟻工事は材料と施工手間、どちらも含む材工工事です。

①床下収納庫、②天井点検口、③収納ハンガーパイプ

　セット品として箇所数を拾います。

④バルコニー笠木

　笠木装着部分の長さを拾います（図10）。

⑤防蟻工事

　1階床面積を算入します。

▶見積表 A-14　住宅設備機器工事の見積り

工事項目	規格・仕様	数量	単位	単価	金額	材工区分	拾い基準	特記事項
14. 住宅設備機器工事								
システムキッチン（材料）	アイランド型　L2585mmタイプ　食洗機なし	1	セット	507,000	507,000	材	箇所数	
〃　据付（手間）	アイランド型　L2585mmタイプ　食洗機なし	1	セット	92,000	92,000	工	箇所数	
システムバス（材料）	普及品　1616サイズ	1	セット	438,000	438,000	材	箇所数	
〃　据付（手間）		1	セット	94,500	94,500	工	箇所数	
洗面化粧台	L750mmタイプ	2	セット	80,000	160,000	材	箇所数	
便器（1階）	洋風便器　温水洗浄便座　タンク式　手洗あり	1	セット	131,000	131,000	材	箇所数	
〃　（2階）	洋風便器　温水洗浄便座　タンク式　手洗なし	1	セット	176,000	176,000	材	箇所数	
紙巻器	樹脂製	2	セット	1,720	3,440	材	箇所数	
タオルリング	ステンレス製	2	セット	1,260	2,520	材	箇所数	
洗濯機用防水パン	740×640	1	セット	10,390	10,390	材	箇所数	
洗濯機用水栓		1	セット	5,300	5,300	材	箇所数	
	小計				1,620,150			

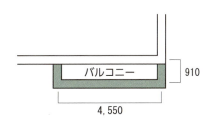

部位	数量算出	計算式	長さ (m)	積算数量
バルコニー笠木	延長さ	0.91＋4.55＋0.91	6.37	6.4m

▶図10　バルコニー笠木

▶見積表 A-15　雑工事の見積り

工事項目	規格・仕様	数量	単位	単価	金額	材工区分	拾い基準	特記事項
15. 雑工事								
床下収納庫	600タイプ	1	セット	12,600	12,600	材	箇所数	
天井点検口	ハッチタイプ	1	セット	3,430	3,430	材	箇所数	
ハンガーパイプ	クローゼット用	1	セット	8,900	8,900	材	箇所数	
バルコニー笠木	アルミ製品	6.4	m	8,000	51,200	材	延長さ	
防蟻工事	予防処理	40.6	m²	800	32,480	材工	1階床面積	
	小計				108,610			

B. 設備工事

設備工事は、屋内給排水設備工事、給湯設備工事、電気設備工事、ガス設備工事の4つが基本的な工事区分です。

(1) 屋内給排水設備工事（給排水・衛生設備工事）　見積表 B-1

見積書の作り方として、配管材料（VP管、VU管、HIVP管、さや管等）の長さや本数、それに伴う手間代まで詳細に拾う方法や、配管材料費と工賃を複合した材工項目とし、給水・給湯・排水の箇所数を拾う方法、もしくはこれらを全て包含して1棟当たりの一式工事として計上する方法（1階のみに水回りがある場合と2階にも水回りがある場合の金額を設定していることもある）があります。本事例では、材工項目として給水・給湯・排水の箇所数を拾う方法としました。

①給水工事（1階、2階）、②給湯工事（1階、2階）、③排水工事（1階、2階）

本事例では、前述の通り配管の材料費と手間代を複合した材工単価として、箇所数拾いとしています。1階の給水・給湯配管はさや管ヘッダーの材工単価としています。材料と手間を別計上とする場合は、給水・給湯それぞれのヘッダーを拾います。「さや管ヘッダー」は一つの単語のように聞こえますが、実は「さや」＋「管」＋「ヘッダー」のことで、管には架橋ポリエチレン管やポリブデン管を使用します。さやはこの管を保護する樹脂製の管で、青系統の色が給水配管用、赤系統の色が給湯配管用です。

④設備機器取付手間

住宅設備機器や水栓、付属品の取り付けに関する手間代を一式で計上します。それぞれの機器別に取付単価を設定している場合もありますが、これらの取り付けは一連の作業の中で行われますので、本事例のように一式で計上する方が理屈に合っていると思います。

⑤水道局申請手続費

一式で計上します。

(2) 給湯設備工事　見積表 B-2

①ガス給湯器

本事例では、潜熱回収型ガス給湯器（エコジョーズ）を採用し、機器の費用（材料費）のみを計上しています。設置手間はガス設備工事で計上します。

電気式の給湯機器（エコキュート、電気温水器）を使用する場合もあります。

▶見積表 B-1　屋内給排水設備工事の見積り

工事項目	規格・仕様	数量	単位	単価	金額	材工区分	拾い基準	特記事項
1. 屋内給排水設備工事								
【配管工事】								
給水配管	給水1階配管材料含む	5	カ所	14,200	71,000	材工	箇所数	さや管ヘッダー
〃	給水2階配管材料含む	2	カ所	16,300	32,600	材工	箇所数	さや管
給湯配管	給湯1階配管材料含む	3	カ所	17,000	51,000	材工	箇所数	さや管ヘッダー
〃	給湯2階配管材料含む	1	カ所	20,400	20,400	材工	箇所数	さや管
排水配管	排水1階配管材料含む	5	カ所	11,200	56,000	材工	箇所数	
〃	排水2階配管材料含む	2	カ所	14,500	29,000	材工	箇所数	
設備機器取付手間		1	式		60,000	工	箇所数	
【水道局申請手続費】		1	式		50,000	経費		
	小計				370,000			

▶見積表 B-2　給湯設備工事の見積り

工事項目	規格・仕様	数量	単位	単価	金額	材工区分	拾い基準	特記事項
2. 給湯設備工事								
ガス給湯器	エコジョーズ　屋外壁掛式　24号フルオート追焚き	1	台	230,000	230,000	材	箇所数	据付工事はガス設備工事で計上
	小計				230,000			

▶見積表 B-3　電気設備工事の見積り

工事項目	規格・仕様	数量	単位	単価	金額	材工区分	拾い基準	特記事項
3. 電気設備工事								
【分電盤工事】	12回路	1	カ所	42,100	42,100	材工	箇所数	
【配線工事】								
電灯配線	キーソケットまでのケーブル共	18	カ所	2,750	49,500	材工	箇所数	
コンセント配線	ダブルコンセント	13	カ所	3,570	46,410	材工	箇所数	
〃	アースターミナル付き接地ダブルコンセント	6	カ所	5,040	30,240	材工	箇所数	
〃	防水コンセント	1	カ所	5,150	5,150	材工	箇所数	
〃	エアコン用埋込スイッチ付きコンセント	5	カ所	7,350	36,750	材工	箇所数	
〃	電子レンジ専用接地極付きコンセント	1	カ所	9,910	9,910	材工	箇所数	
スイッチ配線	片切スイッチ	13	カ所	3,700	48,100	材工	箇所数	
〃	3路スイッチ	2	カ所	4,180	8,360	材工	箇所数	
【弱電工事】								
インターホン	モニター付き親機1・カメラ付玄関子機1	1	組	45,300	45,300	材工	箇所数	
電話配線		2	カ所	8,950	17,900	材工	箇所数	
テレビ配線	同軸ケーブル　S-5C-FB　分配器ユニットまで	3	カ所	7,860	23,580	材工	箇所数	
LAN配管・配線工事	CAT5端子付き	2	カ所	11,800	23,600	材工	箇所数	
【換気工事】								
換気扇（材料）	第1種全熱交換型セントラル換気	2	カ所	128,000	256,000	材	箇所数	
〃　（手間）	〃	2	カ所	15,000	30,000	工	箇所数	
【防火・防犯・防災工事】								
住宅用火災警報器	煙感知器　電池式　ワイヤレス連動親機	1	カ所	7,000	7,000	材工	箇所数	
〃	〃　　　子機	4	カ所	6,820	27,280	材工	箇所数	
【電力会社申請手続費】		1	式		30,000	経費		
	小計				737,180			

(3) 電気設備工事　　見積表 B-3

①分電盤工事

設置箇所数単位で見積りをします。単世帯の場合は1箇所ですが、2世帯の場合は2箇所となるのが一般的です。回路数によって単価が変わります。

②電灯配線、③コンセント配線、④スイッチ配線

電線や器具等の電材材料費と電気工事業者の手間代の複合単価として、箇所数を拾います。

⑤インターホン、⑥電話配線、⑦テレビ配線、⑧情報化配線

インターホンやテレビ、インターネットなど住宅の通信・情報化設備に関わる工事(弱電工事)です。箇所数を拾います。

⑨換気工事

換気システムの工事費を計上します。事例では、換気システムの材料費と設置手間を別計上としました。空調機器は材料費、施工費ともに付帯工事とします。

⑩防火・防犯・防災工事

住宅用火災警報器の設置が義務付けられています。各自治体の条例により、設置が義務付けられている場所が異なりますが、設置箇所数を拾って見積書に記載します。

⑪電力会社申請手続費

一式計上します。

(4) ガス設備工事　　見積表 B-4

①ガス配管工事

基本工事として一式計上します。

②ガス給湯器取付工事、③ガスコンロ配管接続工事

箇所ごとに数量を拾います。

▶見積表 B-4　ガス設備工事の見積り

工事項目	規格・仕様	数量	単位	単価	金額	材工区分	拾い基準	特記事項
4. ガス設備工事								
ガス配管工事	基本工事	1	式		60,000	材工		屋内・屋外配管工事費
ガス給湯器取付工事	ガス機器取付工事	1	カ所	35,000	35,000	工	箇所数	
ガスコンロ配管接続工事		1	カ所	20,000	20,000	工	箇所数	
小計					115,000			

2 諸経費

　施主に提出する見積書の諸経費とは、32 ページで解説した通り、粗利益（本来の諸経費の他に営業利益を含んだ費用）の一部です。本事例では、フリー設計対応という前提で建築本体工事の合計金額の 15％で計上しました。

　最後に、本体見積合計が千円単位となるように、調整で端数の千円未満を切り捨てています。

3 付帯工事

　解体工事は解体する既存建物や産業廃棄物の処理場の状況によって、外構・造園工事は敷地条件や造園工事の規模、内容によって工事金額が大きく変動してしまうので、定型的な工事金額の設定はできません。屋外給排水工事も敷地や配置条件で金額が左右されます。このような事情から、これらの工事はその都度、下請け業者から見積書を徴収（下見積り）して、所定の経費（利益）を乗せて施主へ提出している場合が多いと思います。

　しかしながら、一般的に下見積りは工事で発生するリスクを過剰に見込む事があるために高くなりがちですので、取り決められる工事項目に関しては、拾い基準や工事単価の設定をすることが得策です。屋外給排水工事の 1m 当たりの複合単価の設定、外構ブロック工事の 1m 当たりの単価の組み段数ごとの設定、土のすき取り・排出土の土量の算出基準（かさ上げ増量の係数等）と m^3 当たりの単価の設定などが挙げられます。

　空調工事、照明器具工事、家具・カーテン工事は、それぞれの製品に定価があるので、建築本体工事と同様に、取り決め単価の設定は可能です。

　今回の事例にはありませんが、造成工事や擁壁工事等の土木的な工事が絡む工事の見積金額の妥当性を判断するのもなかなか大変なことです。建築工事の分野ではないので、どこの工務店も苦慮しています。信頼できる土木の専門家やコンサルタントに相談することも解決方法の一つです。

4 別途工事

前面道路からの給排水取出工事は自治体の指定業者の施工となるのが一般的です。電気の引込工事は電力会社、ガス引込工事はガス事業者の工事となります。これらの工事は施主に直接請求されるのが原則です。建築工事を請け負っている工務店が作成する見積書の範囲外ですが、施主の予算管理の便宜を考慮して、事例ではそれぞれの金額を記載しました。

5 見積書の体裁

見積書の表紙にそれぞれの工事区分ごとの小計金額と建築本体工事の合計金額を記入します（表22）。事例ではこれに付帯工事や別途工事を付け加えた総計の金額の記載は行っていません。その理由は、これはあくまでも建築本体工事の見積書の表紙であって、付帯工事はそれぞれの工事ごとの見積書を提出する必要があるからです。とはいえ、付帯工事と別途工事のそれぞれの工事費を付記することで、施主の総額予算の管理がしやすくなるため、一部の工事は概算金額や予算として記入しています。ただし、この表紙の体裁を硬直的に捉える必要はありません。それぞれの工務店の考え方（付帯工事の受注を積極的に行うのが方針等の場合）にあわせて良いと思います。しかし、請負契約書には対象となる付帯工事まで含んだ金額の記載となります。

見積書は工務店から施主に提出する正式な書類です。請負契約書に添付する法的にも重要な帳票ですので、次の事項（図11）の記載・押印がされていることを確認してください。表紙の次に見積表A-1～B-4をまとめた見積り明細書（表23）を添付します。

▶図11　見積書の記載・押印内容

▶表22 見積書表紙

事例1　見積書

平成00年00月00日

○○○○○様
建設地：○○県××市××町00番地
見積書番号　0000000
見積書有効期限　平成00年00月00日

A工務店株式会社
○○県○○市○○町00番地
電話 0000-00-0000
代表取締役社長　○○○○

社印

工事区分		単位	金額	備考
I. 建築本体工事				
A. 建築工事	1. 仮設工事	一式	806,509	
	2. 基礎工事	〃	969,761	
	3. 木工事	〃	4,525,320	
	4. 断熱工事	〃	244,500	
	5. 屋根・鈑金工事	〃	480,846	
	6. 防水工事	〃	82,000	
	7. 石・タイル工事	〃	208,495	
	8. 左官工事	〃	169,236	
	9. 外部建具工事	〃	1,828,400	
	10. 内部建具工事	〃	364,000	
	11. 塗装工事	〃	95,212	
	12. 外装工事	〃	1,471,608	
	13. 内装工事	〃	378,556	
	14. 住宅設備機器工事	〃	1,620,150	
	15. 雑工事	〃	108,610	
	A. 建築工事　合計	一式	13,353,203	
B. 設備工事	1. 屋内給排水設備工事	一式	370,000	
	2. 給湯設備工事	〃	230,000	
	3. 電気設備工事	〃	737,180	
	4. ガス設備工事	〃	115,000	
	B. 設備工事　合計	一式	1,452,180	
	I. 建築本体工事　合計	一式	14,805,383	
II. 諸経費（15%）		一式	2,220,807	
	総計	一式	17,026,190	
	調整	一式	−190	千円未満切り捨て
	見積合計	一式	17,026,000	

III. 付帯工事	解体工事	一式	732,000	見積番号 999999
	屋外給排水工事	〃	236,000	見積番号 999999
	空調工事	〃	523,000	見積番号 999999
	外構・造園工事	〃	500,000	予算
	照明器具工事	〃	200,000	予算
	家具・カーテン工事	〃	200,000	予算
IV. 別途工事	給排水取出工事	一式	200,000	概算　市指定業者から請求
	電気引込工事	〃	120,000	概算　電力会社から請求
	ガス引込工事	〃	0	既存利用

※上記見積書は消費税別途

事例1　簡便でわかりやすい見積書

▶表23　見積り明細書

1．建築本体工事

工事項目	規格・仕様	数量	単位	単価	金額	材工区分	拾い基準	特記事項
A 建築工事								
1．仮設工事								
水盛遣り方	地縄　水杭　木造2階建て　延150 m² 程度	40.6	m²	350	14,210	材工	建築面積	
外部足場	ブラケット一側足場　高さ10 m 未満　存置3カ月	259.1	m²	1,180	305,738	材工	足場掛け面積	
メッシュシート	防炎　1類　存置3カ月	259.1	m²	480	124,368	材工	足場掛け面積	
仮囲い	シート張り　高3.0 m　存置3カ月	12.0	m	2,420	29,040	材工	実長さ	前面道路に敷設
仮設電気	電力料金共（3～4カ月）20 A 申請料含む	1	式		65,000	材工	一式	
仮設水道	水道料金共　水栓柱含む	1	式		35,000	材工	一式	
仮設トイレ	水洗式　大小兼用　存置3カ月　1人用	1	式		47,000	材工	一式	
養生費	床養生　発泡樹脂シート、養生テープ　厚2mm	85.3	m²	570	48,621	材工	施工床面積	
クリーニング	入居前クリーニング	85.3	m²	440	37,532	工	施工床面積	
発生材処分費	4 t 車　木くず、発生ガラなど	2	台	50,000	100,000	工	トラック台数	
	小計				806,509			
2．基礎工事								
鉄筋コンクリートベタ基礎	外周部　立上り幅150mm	25.5	m	13,900	354,450	材工	延長さ	
〃	内周部　立上り幅150mm	20.9	m	10,900	227,810	材工	延長さ	
〃	底盤部（耐圧版）厚200mm　D13 @ 300 ダブル	38.1	m²	8,410	320,421	材工	実面積	
土間コンクリート（玄関・ポーチ部分）	鉄筋コンクリート　厚120mm　金ごて仕上げ	12.0	m²	5,590	67,080	材工	実面積	
	小計				969,761			
3．木工事								
木材費（構造材・羽柄材）	木造2階建て　フラット35対応　杉（KD）特1等	85.3	m²	16,400	1,398,920	材	施工床面積	
プレカット加工料金	標準仕様　内外壁大壁構	85.3	m²	1,960	167,188	材	施工床面積	
クレーン代	4.9 t 吊り　オペレーター付き	1	台	29,000	29,000	材工	実台数	
石膏ボード（壁）	不燃　12.5mm　910×2420	259.0	m²	300	77,700	材	内壁面積	
〃　　　（天井）	不燃　12.5mm　910×1820	77.8	m²	300	23,340	材	天井面積	
【外部造作】								
軒天用化粧けい酸カルシウム板	不燃　60×910×1820　無塗装板	16.3	m²	1,380	22,494	材	軒天面積	
【内部造作】								
洋室　窓枠	杉無節　見付30mm　見込100mm	44.1	m	1,890	83,349	材	延長さ	4方枠（掃出し3方枠）
〃　建具枠	杉無節　片開き幅700×高2000mm　枠見込100mm	5	カ所	19,100	95,500	材	箇所数	建具は建具工事
〃　幅木	杉無節　高さ60mm	77.4	m	690	53,406	材	延長さ	
木製フローリング（複合）	12×303×1818　3P単板張り　基材：合板　塗装品	51.6	m²	5,000	258,000	材	実面積	
玄関框	オーク　150×90　2 m	1	カ所	35,000	35,000	材	箇所数	
階段	天然銘木ツキ板	1	セット	135,000	135,000	材	箇所数	
【和室造作】								
戸襖枠	杉無節　片引き用　1620	1	カ所	20,000	20,000	材	箇所数	建具は建具工事
押入れ枠	杉無節　引違い用　1620	1	カ所	23,700	23,700	材	箇所数	建具は建具工事

工事項目	規格・仕様	数量	単位	単価	金額	材工区分	拾い基準	特記事項
障子枠	杉無節　16511	1	カ所	16,600	16,600	材	箇所数	建具は建具工事
〃	杉無節　11903	1	カ所	8,020	8,020	材	箇所数	建具は建具工事
畳寄せ	杉無節	10.9	m	930	10,137	材	延長さ	
回り縁	杉無節　30×30	10.9	m	510	5,559	材	延長さ	
木質系天井材	本実和室天井	7.5	m²	3,090	23,175	材	実面積	
押入れ	幅1620　奥行750	1	カ所	48,000	48,000	材	箇所数	セット品
【造作家具】								
下駄箱収納		1	台	144,487	144,487	材工	別途計算	第1章で算出
【副資材】								
釘・金物・接着剤等		85.3	m²	1,650	140,745	材	施工床面積	
大工工事	木造2階建て　建て方・造作工事	85.3	m²	20,000	1,706,000	工	施工床面積	
	小計				4,525,320			
4. 断熱工事								
床断熱材	A種押出法ポリスチレンフォーム保温板2種　厚50	34.8	m²	1,450	50,460	材	1階対象床面積	玄関、浴室除く
壁断熱材	高性能グラスウール断熱材　厚105　密度16 kg/m³	135.8	m²	1,100	149,380	材	外壁面積	
天井断熱材	高性能グラスウール断熱材　厚105　密度16 kg/m³	40.6	m²	1,100	44,660	材	2階天井面積	
	小計				244,500			
5. 屋根・鈑金工事								
下葺き	改質アスファルトルーフィング　ゴムアスファルト系	57.0	m²	1,220	69,540	材工	屋根面積	
屋根葺き	化粧スレート　切妻　標準役物共	57.0	m²	5,000	285,000	材工	屋根面積	
軒樋	塩ビ製　一般用　角形　幅75	13.9	m	3,150	43,785	材工	延長さ	
たて樋	塩ビ製　一般用　丸形　径60	27.7	m	2,850	78,945	材工	延長さ	階高で算出
庇（玄関）	塩ビ鋼板　厚0.4mm　幅450	1.2	m	2,980	3,576	材工	延長さ	
	小計				480,846			
6. 防水工事								
バルコニー床	FRP防水	4.1	m²	20,000	82,000	材工	床面積	立上りも含む
	小計				82,000			
7. 石・タイル工事								
玄関・ポーチ・テラス床タイル（材料）	150角平　無釉　圧着張り	16.1	m²	7,980	128,478	材	実面積	実面積、張下げ10 cm
玄関・ポーチ・テラス床タイル（手間）	150角平　無釉　圧着張り	16.1	m²	4,970	80,017	工	実面積	実面積、張下げ10 cm
	小計				208,495			
8. 左官工事								
基礎刷毛引き		9.8	m²	2,370	23,226	材工	実面積	
珪藻土塗り	下塗5mm＋上塗2mm	31.4	m²	4,650	146,010	材工	実面積	
	小計				169,236			
9. 外部建具工事								
玄関建具	アルミ玄関ドア　W922 H2330	1	セット	187,000	187,000	材	箇所数	
住宅用アルミサッシ（防火窓）	アルミ樹脂複合サッシ 07403（網戸込み）	1	カ所	78,440	78,440	材	箇所数	
〃	〃　　07405（網戸込み）	6	カ所	82,820	496,920	材	箇所数	
〃	〃　　07411（網戸込み）	1	カ所	98,980	98,980	材	箇所数	
〃	〃　　11903（網戸込み）	2	カ所	88,360	176,720	材	箇所数	
〃	〃　　11905（網戸込み）	1	カ所	93,220	93,220	材	箇所数	
〃	〃　　11911（網戸込み）	1	カ所	122,780	122,780	材	箇所数	
〃	〃　　16511（網戸込み）	1	カ所	147,140	147,140	材	箇所数	
〃	〃　　16518（網戸込み）	1	カ所	203,420	203,420	材	箇所数	
〃	〃　　16520（網戸込み）	1	カ所	223,780	223,780	材	箇所数	
	小計				1,828,400			

事例1　簡便でわかりやすい見積書

工事項目	規格・仕様	数量	単位	単価	金額	材工区分	拾い基準	特記事項
10. 内部建具工事								
フラッシュドア注文建具	無地フラッシュ扉　0720程度	5	カ所	43,500	217,500	材工	箇所数	枠は木工事で計上
クローゼットドア	2枚扉　W1645 H2032	1	カ所	73,900	73,900	材工	箇所数	枠は木工事で計上
和室　戸襖	0720	1	枚	17,000	17,000	材工	箇所数	枠は木工事で計上
〃　押入れ襖	1620　新鳥の子	1	枚	15,000	15,000	材工	箇所数	枠は木工事で計上
〃　障子	16511	1	枚	23,600	23,600	材工	箇所数	枠は木工事で計上
〃　〃	11903	1	枚	17,000	17,000	材工	箇所数	枠は木工事で計上
	小計				364,000			
11. 塗装工事								
軒天塗装	EP塗装	16.3	m^2	1,240	20,212	材工	軒天面積	
木製建具塗装	クリアラッカー仕上げ　枠・建具	5	枚	15,000	75,000	材工	箇所数	
	小計				95,212			
12. 外装工事								
サイディング（材料）	窯業系　16mm　塗装板	151.4	m^2	5,640	853,896	材	外壁面積	胴縁、役物、コーキング含む
〃　　　　（手間）	窯業系　16mm　塗装板	151.4	m^2	4,080	617,712	工	外壁面積	胴縁、役物、コーキング工事含む
	小計				1,471,608			
13. 内装工事								
クッションフロア貼り	クッションフロア（発泡層あり）厚1.8mm　一般工法	8.3	m^2	2,420	20,086	材工	実面積	トイレ、洗面室
畳	新規　縁無　0.5畳	1	枚	9,450	9,450	材工	実枚数	
〃	新規　縁無　1畳	4	枚	13,650	54,600	材工	実枚数	
壁クロス貼り	普及品	213.4	m^2	1,050	224,070	材工	実面積	
天井クロス貼り	普及品	67.0	m^2	1,050	70,350	材工	実面積	
	小計				378,556			
14. 住宅設備機器工事								
システムキッチン（材料）	アイランド型　L2585mmタイプ 食洗機なし	1	セット	507,000	507,000	材	箇所数	
〃　据付（手間）	アイランド型　L2585mmタイプ 食洗機なし	1	セット	92,000	92,000	工	箇所数	
システムバス（材料）	普及品　1616サイズ	1	セット	438,000	438,000	材	箇所数	
〃　据付（手間）		1	セット	94,500	94,500	工	箇所数	
洗面化粧台	L750mmタイプ	2	セット	80,000	160,000	材	箇所数	
便器（1階）	洋風便器　温水洗浄便座 タンク式　手洗あり	1	セット	131,000	131,000	材	箇所数	
〃　（2階）	洋風便器　温水洗浄便座 タンク式　手洗なし	1	セット	176,000	176,000	材	箇所数	
紙巻器	樹脂製	2	セット	1,720	3,440	材	箇所数	
タオルリング	ステンレス製	2	セット	1,260	2,520	材	箇所数	
洗濯機用防水パン	740×640	1	セット	10,390	10,390	材	箇所数	
洗濯機用水栓		1	セット	5,300	5,300	材	箇所数	
	小計				1,620,150			
15. 雑工事								
床下収納庫	600タイプ	1	セット	12,600	12,600	材	箇所数	
天井点検口	ハッチタイプ	1	セット	3,430	3,430	材	箇所数	
ハンガーパイプ	クローゼット用	1	セット	8,900	8,900	材	箇所数	
バルコニー笠木	アルミ製品	6.4	m	8,000	51,200	材	延長さ	
防蟻工事	予防処理	40.6	m^2	800	32,480	材工	1階床面積	
	小計				108,610			
A建築工事　合計					13,353,203			

事例1　簡便でわかりやすい見積書

工事項目	規格・仕様	数量	単位	単価	金額	材工区分	拾い基準	特記事項
B 設備工事								
1. 屋内給排水設備工事								
【配管工事】								
給水配管	給水1階配管材料含む	5	カ所	14,200	71,000	材工	箇所数	さや管ヘッダー
〃	給水2階配管材料含む	2	カ所	16,300	32,600	材工	箇所数	さや管
給湯配管	給湯1階配管材料含む	3	カ所	17,000	51,000	材工	箇所数	さや管ヘッダー
〃	給湯2階配管材料含む	1	カ所	20,400	20,400	材工	箇所数	さや管
排水配管	排水1階配管材料含む	5	カ所	11,200	56,000	材工	箇所数	
〃	排水2階配管材料含む	2	カ所	14,500	29,000	材工	箇所数	
設備機器取付手間		1	式		60,000	工	箇所数	
【水道局申請手続費】		1	式		50,000	経費		
	小計				370,000			
2. 給湯設備工事								
ガス給湯器	エコジョーズ　屋外壁掛式　24号フルオート追焚き	1	台	230,000	230,000	材	箇所数	据付工事はガス設備工事で計上
	小計				230,000			
3. 電気設備工事								
【分電盤工事】	12回路	1	カ所	42,100	42,100	材工	箇所数	
【配線工事】								
電灯配線	キーソケットまでのケーブル共	18	カ所	2,750	49,500	材工	箇所数	
コンセント配線	ダブルコンセント	13	カ所	3,570	46,410	材工	箇所数	
〃	アースターミナル付き接地ダブルコンセント	6	カ所	5,040	30,240	材工	箇所数	
〃	防水コンセント	1	カ所	5,150	5,150	材工	箇所数	
〃	エアコン用埋込スイッチ付きコンセント	5	カ所	7,350	36,750	材工	箇所数	
〃	電子レンジ専用接地極付きコンセント	1	カ所	9,910	9,910	材工	箇所数	
スイッチ配線	片切スイッチ	13	カ所	3,700	48,100	材工	箇所数	
〃	3路スイッチ	2	カ所	4,180	8,360	材工	箇所数	
【弱電工事】								
インターホン	モニター付き親機1・カメラ付玄関子機1	1	組	45,300	45,300	材工	箇所数	
電話配線		2	カ所	8,950	17,900	材工	箇所数	
テレビ配線	同軸ケーブル　S-5C-FB　分配器ユニットまで	3	カ所	7,860	23,580	材工	箇所数	
LAN配管・配線工事	CAT5端子付き	2	カ所	11,800	23,600	材工	箇所数	
【換気工事】								
換気扇（材料）	第1種全熱交換型セントラル換気	2	カ所	128,000	256,000	材	箇所数	
〃 （手間）	〃	2	カ所	15,000	30,000	工		
【防火・防犯・防災工事】								
住宅用火災警報器	煙感知器　電池式　ワイヤレス連動親機	1	カ所	7,000	7,000	材工	箇所数	
〃	〃　　　子機	4	カ所	6,820	27,280	材工	箇所数	
【電力会社申請手続費】		1	式		30,000	経費		
	小計				737,180			
4. ガス設備工事								
ガス配管工事	基本工事	1	式		60,000	材工		屋内・屋外配管工事費
ガス給湯器取付工事	ガス機器取付工事	1	カ所	35,000	35,000	工	箇所数	
ガスコンロ配管接続工事		1	カ所	20,000	20,000	工	箇所数	
	小計				115,000			
B 設備工事　合計					1,452,180			
1　建築本体工事（A＋B）合計					14,805,383			
2　諸経費	15%	1	式		2,220,807			
	見積金額総計				17,026,190			

第2章　新築工事の見積書の作成

事例2　詳細に拾った見積書

　本事例は、住宅の建築住宅で発生する材料や手間を詳細に拾い出した事例で、一般財団法人経済調査会の「長期優良住宅モデル積算資料作成検討委員会」が作成した資料[※]を基にしています。使用する設計図書は、工事段階で用いる詳細図面で、構造図や設備配管図等も含まれています。

　この見積事例は事例1とは見積書の体系、構成内容、拾い基準が異なります。施主に提出する一般的な見積書の作成では、ここまで詳細に工事項目を拾う必要ありませんが、原価構成を理解するのに良くできた題材であり、事例1で設定している複合化された工事項目の単価構成と金額の妥当性を適宜、検証するのに有効な内容のため取り上げました。

　自社の標準的な住宅のプランを設定し、この事例と同レベルの見積書を作って定期的（年1～2回程度）に価格の変動の確認を行うことも有用です。複合化された工事項目の単価の見直しを行うことは、適正な見積金額を維持していくために必要なことです。

設計図書類

▶ 敷地概要

敷地面積	100.00m² （30.25 坪）
用途地域	第一種住居地域
防火指定	準防火地域
建ぺい率	60%
容積率	200%
日影規制	2.5 時間・4 時間
高度地区	指定無し
用　途	専用住宅

▶ 構造概要①

構造規模	木造在来軸組構法　2 階建て
最高軒高	5.64m
最高高さ	8.311m

▶ 構造概要②

地　盤	地耐力 30kN/m²　粘性土　SS 試験
基　礎	ベタ基礎　鉄筋コンクリート造　立上り 400mm幅 150mm アンカーボルト M-12 450（Z マーク同等金物）柱芯から 150mm間隔 1820mm以下
地　業	砕石・ランマー締め
躯　体	木造在来軸組構法　2 階建て
屋　根	勾配 5/10・構造用合板（t12 N50 @ 150）垂木 45×90 @ 455
外　壁	耐力壁：筋交 30×90 45×90・構造用合板：特類（t7.5 以上　N50 @ 150）
床　組	構造用合板張り（t12 根太有り直張り　釘打ち　N75 @ 150）
内　壁	PB 準耐力壁（t12.5 釘打ち GNC40 同等 @ 150 通気止めのため横架材まで）

▶ 面積表

建築面積	49.69m²	建ぺい率 49.69%
1 階床面積	49.69m²	
2 階床面積	49.69m²	
延床面積	99.38m²	容積率 99.38%

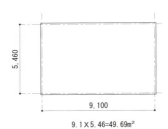

9.1×5.46=49.69m²

▶ 1、2 階床面積求積図

▶ 外部仕上表

屋　根	ガルバリウム鋼板平葺き
外　壁	金属サイディング張り・一部　杉南京下見板張りの上 WP：外断熱　通気工法
軒　裏	軒天用ボード t12 EP 塗装
鼻隠・破風板	けい酸カルシウム板 t12 ガルバリウム鋼板巻き
基礎周り	RC＋外断熱材フェノールフォーム保温板 1 種 t35
樋	軒樋・たて樋：塩ビ製
換気金物	軒裏換気口：スチール既製品（ガルバリウム鋼板）
アプローチ	300 角磁器タイル張り
断熱材	屋根：フェノールフォーム t45＋45（90） 外壁：フェノールフォーム t40
サッシ	アルミ製（ペアガラス）省エネ対策等級 4
玄関ドア	アルミ製（断熱パネルドア）省エネ対策等級 4
庇	アルミ既製品

事例2　詳細に拾った見積書

▲ 内部仕上表

階	室名	床	幅木	壁	天井	天井高	備考
1階	玄関	300角磁器タイル張り モルタル下地	300角磁器タイル立上げ	珪藻土塗・腰：杉板張 t12 杉板張り t12 PB t12.5 下地	杉板張り t12 木下地	2,650	下足入 上框
	ホール	桧フローリング t15 構造用合板下地	木製 H60	珪藻土塗 PB t12.5 下地	同上	2,450	
	主寝室	同上	同上	同上	同上	2,450	カーテンレール
	個室1	同上	同上	同上	同上	2,450	カーテンレール
	ウォークイン クローゼット	同上	同上	同上	同上	2,450	造り付け棚 SUSパイプ
	洗面脱衣室	クッションフロア t1.8 耐水合板 t12 捨張り	同上	珪藻土塗 耐水 PB t12.5 下地	同上	2,200	洗面化粧台 洗濯機パン タオル掛け
	トイレ	同上	同上	同上	同上	2,200	棚・紙巻器 タオル掛け
	押入れ	シナ合板 t5.5 耐水合板 t9 捨張り	雑巾摺	珪藻土塗 PB t12.5 下地	PB t9.5 表し	2,450	枕棚
	物置	同上	同上	PB t12.5 表し	同上		床下点検口
	浴室	ユニットバス 1616タイプ 乾燥機付き					
2階	LD・キッチン	桧フローリング t15 構造用合板下地	木製 H60	珪藻土塗 PB t12.5 下地	杉板張り t12 木下地	2,300	システムキッチンI型 2550 IHコンロ 造り付け配膳台 収納家具 カーテンレール
	個室2	同上	同上	同上	同上	2,300	天井点検口 カーテンレール
	ウォークイン クローゼット	同上	同上	同上	同上	2,300	造り付け棚 SUSパイプ
	トイレ	クッションフロア t1.8 耐水合板 t12 捨張り	同上	珪藻土塗 耐水 PB t12.5 下地	同上	2,200	棚・紙巻器 タオル掛け 天井点検口
	ロフト	桧フローリング t15 構造用合板下地	同上	珪藻土塗 PB t12.5 下地	同上	1,400	タラップ掛け 天井点検口
	階段	ナラ無垢材 クリアラッカー塗装	同左	同上	同上		手すり

事例2　詳細に拾った見積書

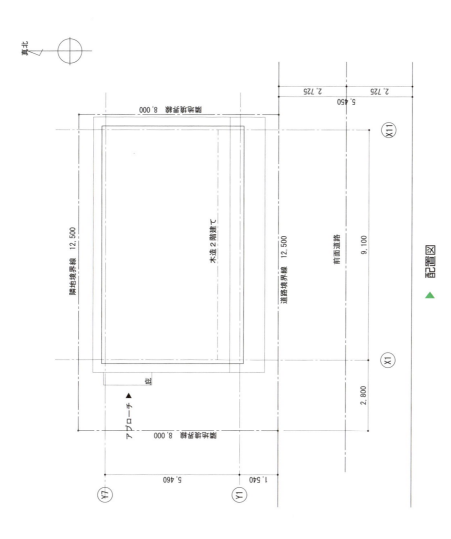

▲ 配置図

事例2　詳細に拾った見積書

▲ 図中凡例

凡例

▽	主要な出入り口
⊠	通し柱　120角
☒	隅柱　120角
☐	管柱　105角
⊕	FL基準とする
熱	熱感知器
煙	煙感知器　天井面は壁又は梁から0.6m以上離すこと　壁面は天井から0.15〜0.5m以内に設置
(長) ⊠	床下点検口（断熱仕様）
(長) ▨	天井点検口
T	トラップ
そ	掃除口
□	排水枠
○	最終枡
⊗	雨水枡
AW 防	建具記号

凡例

AW 防	建具記号[アルミペアガラスサッシ]　←（防火設備）
	トップライト設備の場合は網入りガラス
	内部建具（浴室を除く）の有効幅は750mm以上（軽微な改造後も）確保すること
(長)	長期優良住宅の構造等級　耐震等級2又は、3の基準を満たすこと
⊕→	壁付き換気扇（局所換気）
▨	天井換気扇（局所換気）
─□─	給気口　φ100
	24時間換気設備は換気設備参照すること
(長)	天井、外壁、外張り断熱工法　省エネルギー対策等級4

（長）：長期優良住宅対象項目

維持管理

排水管性状	内面等	材料：硬質塩化ビニール管　内面：平滑
	接合部	肉厚の異なる管の接合なし　排水管継手による内面高低差なし
	挟み防止	指示金物　抜け防止　接着接合

※コンクリート内の埋込専用配管なし
※地中埋設管上にコンクリート打設なし

温熱環境

カ	カーテン、ブラインド設置部
緩	開口部緩和適用部

・建築材料のホルムアルデヒドの発散等級区分は、規制対象外を使用
・仕上材のホルムアルデヒドの発散等級区分は、規制対象外（F☆☆☆☆）を使用

事例2　詳細に拾った見積書

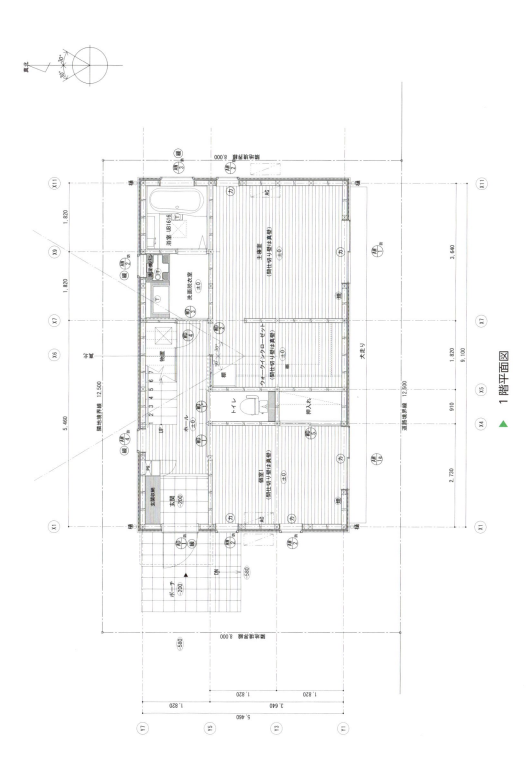

▲ 1階平面図

事例2　詳細に拾った見積書

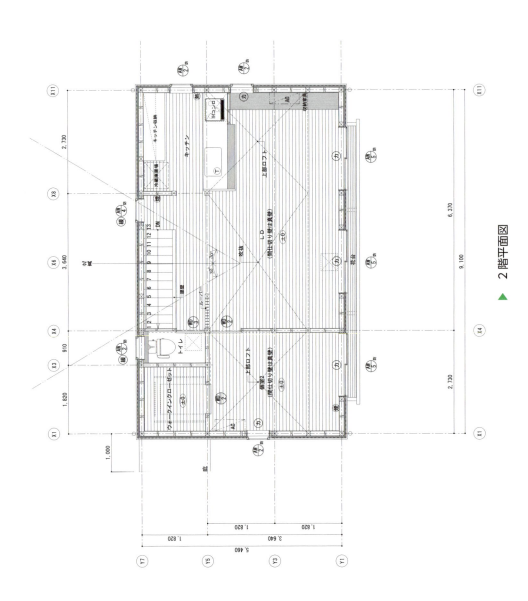

▲ 2階平面図

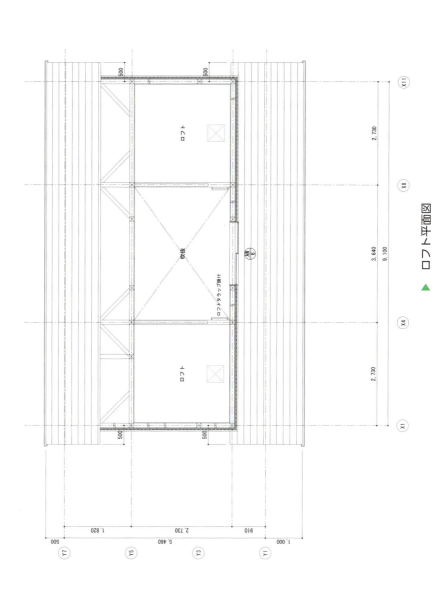

▲ ロフト平面図

事例2　詳細に拾った見積書

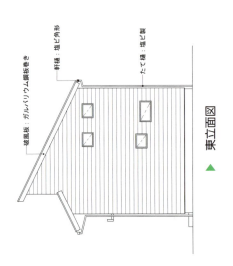

▲ 東立面図

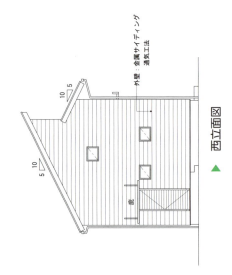

▲ 西立面図

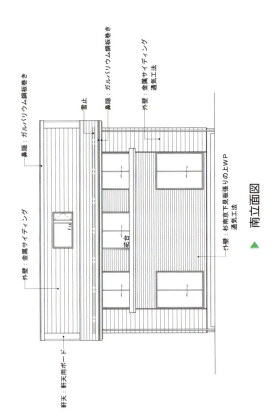

▲ 南立面図

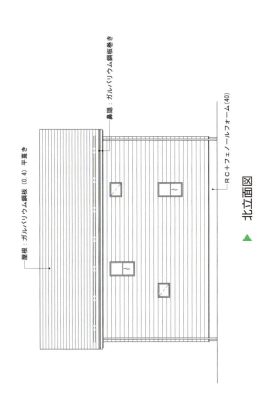

▲ 北立面図

事例2　詳細に拾った見積書

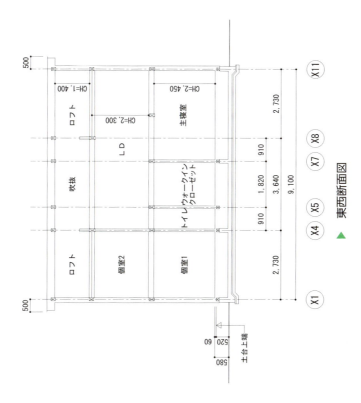

▲ 東西断面図

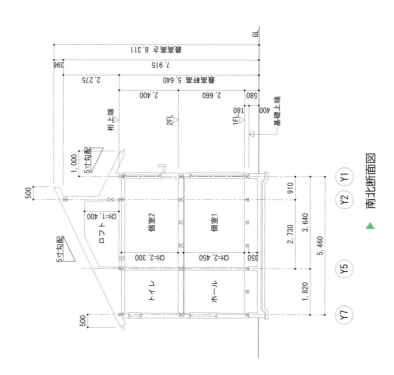

▲ 南北断面図

第2章 ● 新築工事の見積書の作成

115

事例2 詳細に拾った見積書

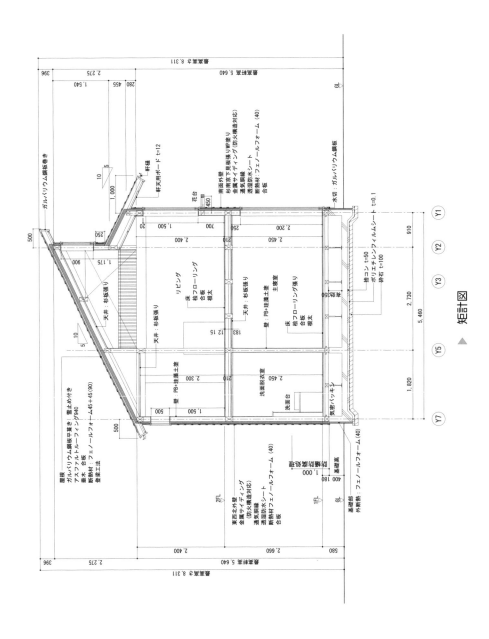

矩計図

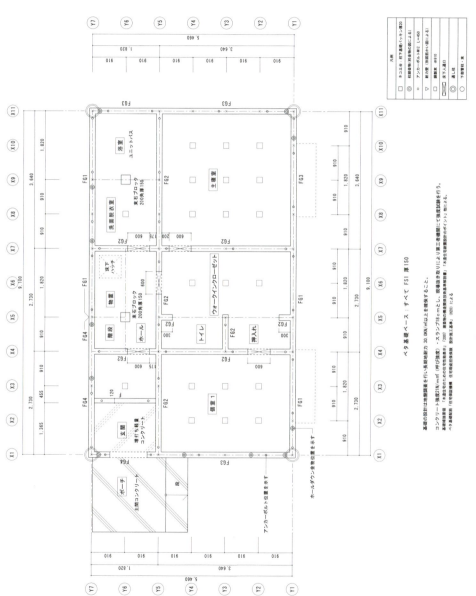

▲ 基礎伏図

事例2　詳細に拾った見積書

▲ 1階（基礎）HD金物配置図

第2章 ● 新築工事の見積書の作成

事例2　詳細に拾った見積書

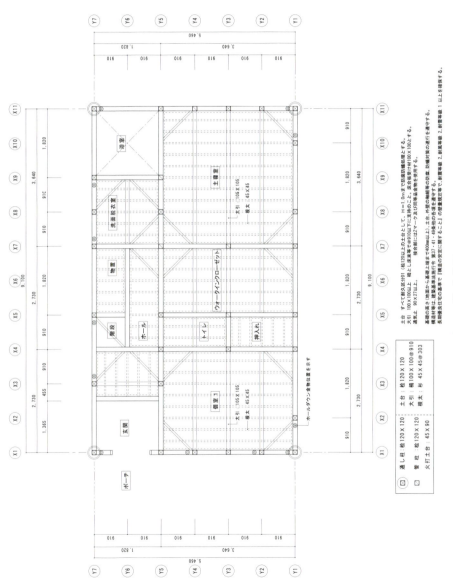

▲ 1階 床伏図

事例2　詳細に拾った見積書

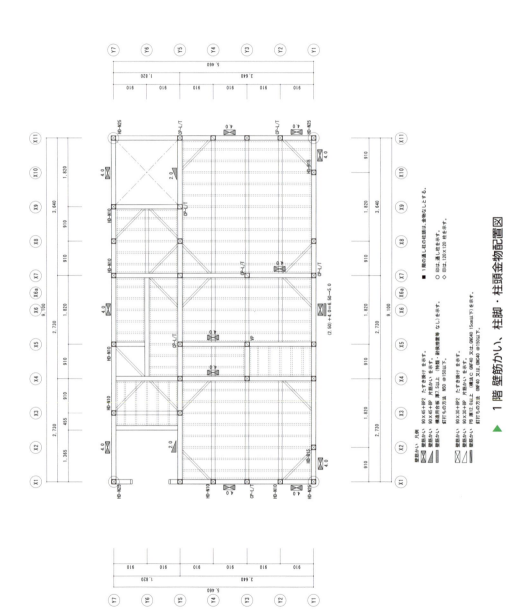

▲ 1階 壁筋かい、柱脚・柱頭金物配置図

第2章 新築工事の見積書の作成

事例2 詳細に拾った見積書

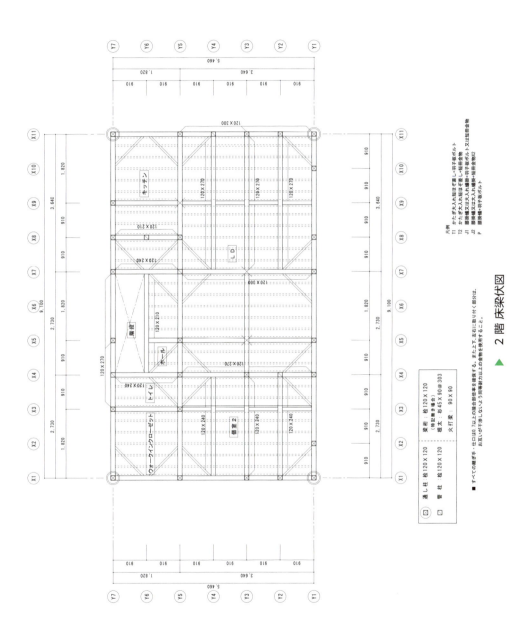

▲ 2階 床梁伏図

事例2　詳細に拾った見積書

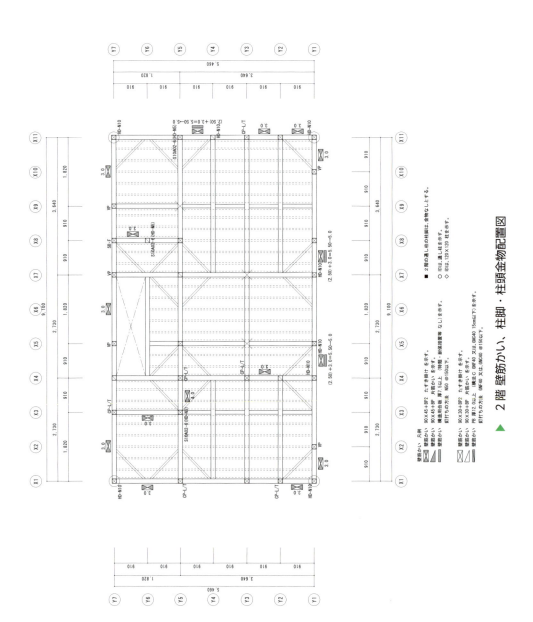

▲ 2階 壁筋かい、柱脚・柱頭金物配置図

事例2 詳細に拾った見積書

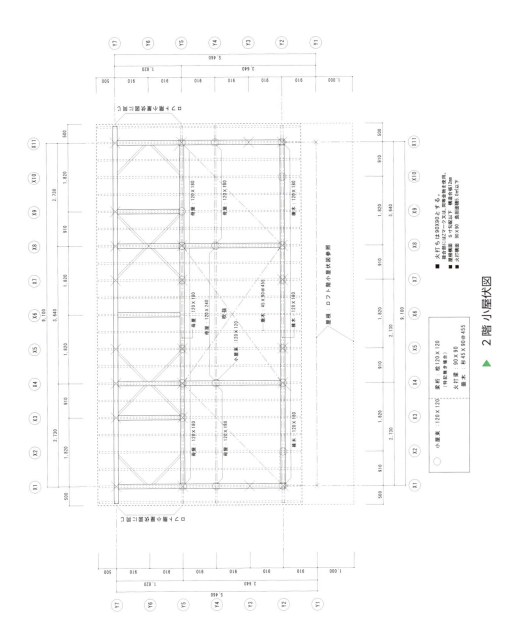

▲ 2階 小屋伏図

事例2 詳細に拾った見積書

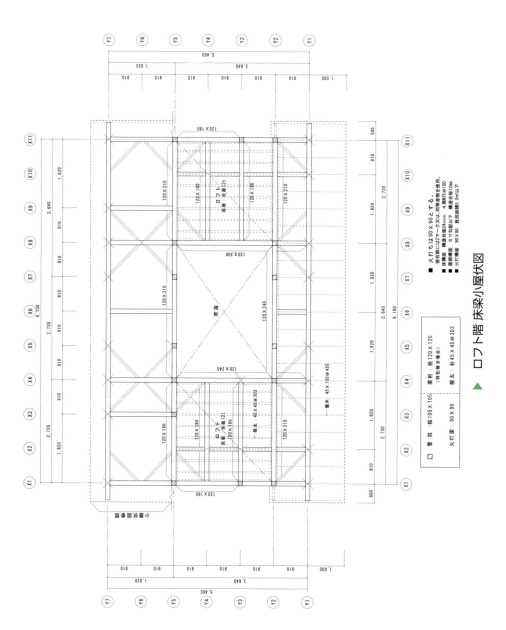

▲ ロフト階 床梁小屋伏図

事例2 詳細に拾った見積書

第2章 新築工事の見積書の作成

構造概要

- 地耐力　長期　30.0KN/㎡以上を原則とする。
- 地盤改良又は、杭支持基礎の場合はその都度基礎の設計をする。
- コンクリート　Fc＝21.0N/㎟以上とする。
- 鉄筋　SD-295A の規格同等品とする。
- 床下基礎パッキンは、厚20m/m以上としてアンカーボルト、土台継手の下端に配置する。
- アンカーボルトは、M12 L=450 として@2,700以下に配置、柱芯より、300m/m以下及び土台継手位置より150m/mに配置する。

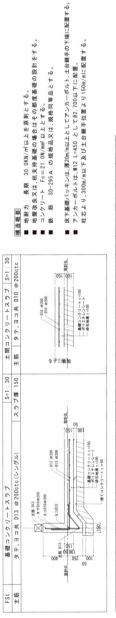
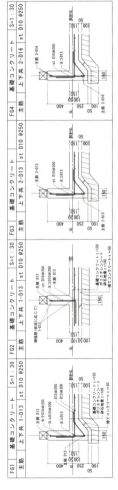
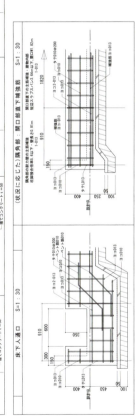

▲ 基礎スラブ：基礎地中梁リスト配筋図

事例2　詳細に拾った見積書

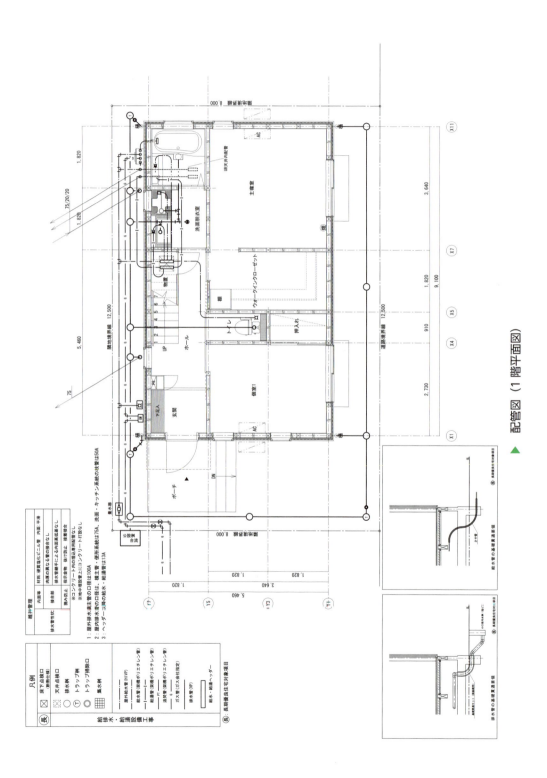

▲ 配管図（1階平面図）

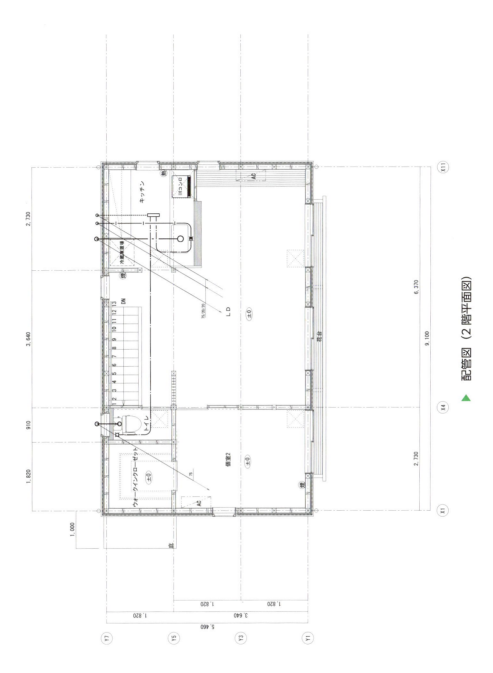

▲ 配管図（2階平面図）

事例2　詳細に拾った見積書

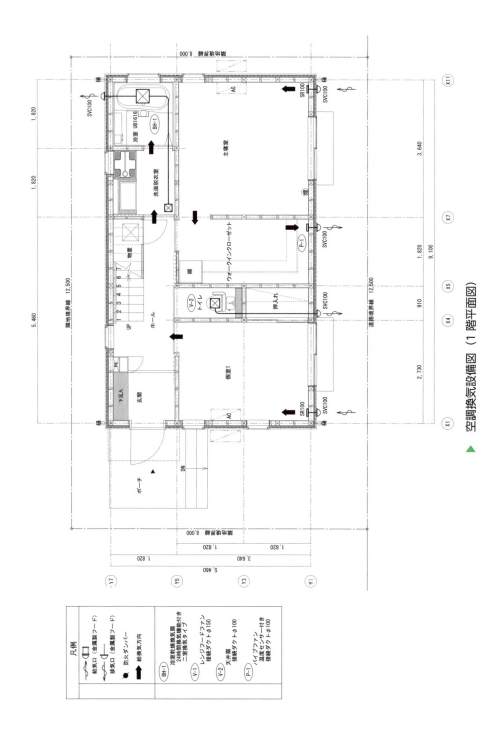

▲ 空調換気設備図（1階平面図）

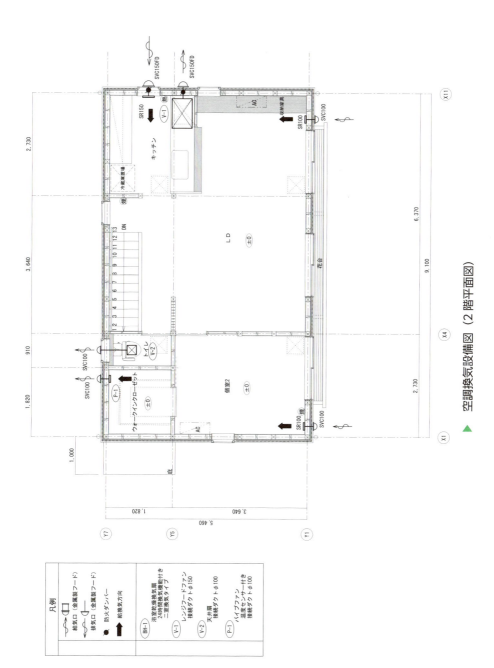

▲ 空調換気設備図（2階平面図）

事例2　詳細に拾った見積書

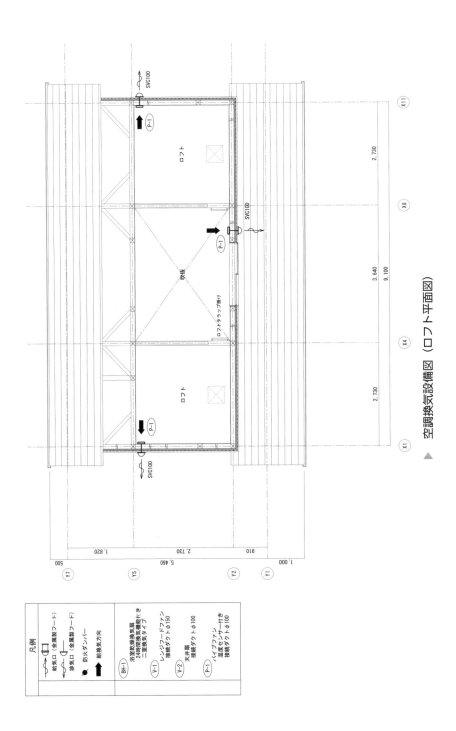

▲ 空調換気設備図（ロフト平面図）

第2章 新築工事の見積書の作成

事例2 詳細に拾った見積書

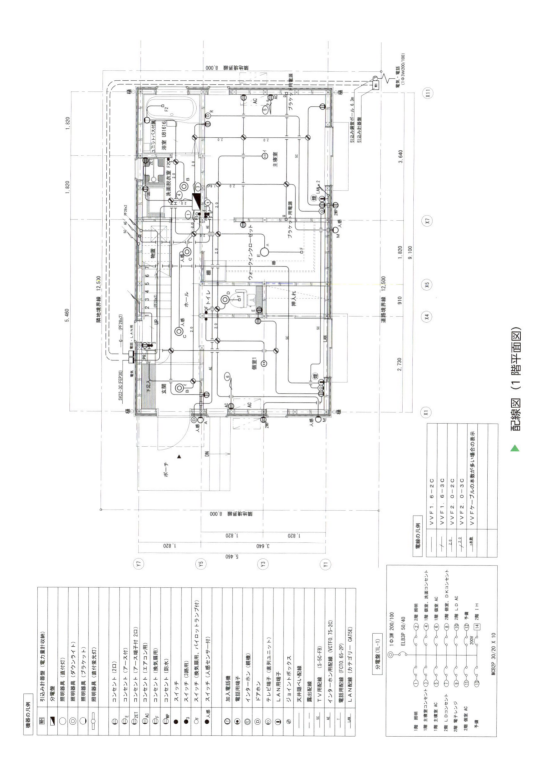

▲ 配線図（1階平面図）

事例2 詳細に拾った見積書

配線図（2階平面図）

電線の凡例

—	VVF1.6-2C
／	VVF1.6-3C
2.0	VVF2.0-2C
／2.0	VVF2.0-3C
本数	VVFケーブルの本数が多い場合の表示

照明器具（参考）

記号	品名	仕様	取付場所
A	ブラケット	LED（電球色）、防雨形、センサー付	1階 ポーチ
B	ダウンライト	LED（電球色）	1階 玄関、洗面
C	ダウンライト	LED（電球色）、人感センサー付	1階 ホール
D	ダウンライト	LED（電球色）	1階 トイレ
E	シーリングライト	LED（昼光色）	1階 ウォークイン
F	ブラケット	LED（電球色）	踊安
G	シーリングライト	LED（電球色）、カバー付	階段前
H	ダウンライト	流し元灯 FL20W×1	2階 キッチン
I	ダウンライト	LED（電球色）	2階 キッチン
J	ブラケット	LED（電球色）	2階 LD
K	シーリングライト	LED（電球色）	2階 LD
L	シーリングライト	Hf32W×1	ロフト
M	スポットライト	LED（電球色）、人感センサー付、防雨形	建物外部 防犯

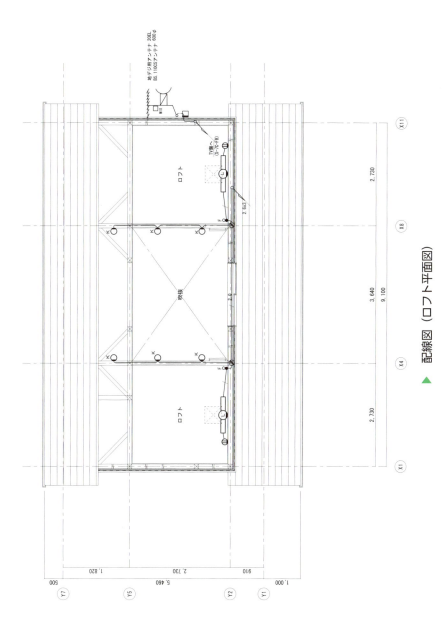

▲ 配線図（ロフト平面図）

事例2　詳細に拾った見積書

2　見積りの内訳

▶ 見積りの内訳

番号	工事区分	金額	構成割合
1	仮設工事	915,747 円	3.6%
2	基礎工事	1,422,009 円	5.5%
3	木工事	6,090,023 円	23.7%
4	屋根・鈑金工事	1,115,634 円	4.3%
5	外装工事	1,641,524 円	6.4%
6	金属製建具工事	1,869,630 円	7.3%
7	木製建具工事	462,200 円	1.8%
8	タイル工事	152,772 円	0.6%
9	左官工事	1,183,878 円	4.6%
10	塗装工事	177,462 円	0.7%
11	内装工事	2,227,523 円	8.7%
12	雑工事	120,750 円	0.5%
13	電気設備工事	1,258,245 円	4.9%
14	給排水衛生設備工事	3,391,512 円	13.2%
15	空調設備工事	246,130 円	1.0%
16	諸経費等	3,402,000 円	13.2%
	合計	25,677,039 円	100.0%

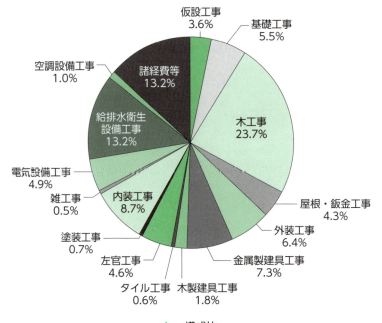

▶ 構成比

見積り内訳明細書

工事項目	規格・仕様	数量	単位	単価	金額（円）
1. 仮設工事					
仮設トイレ	水洗式 3 カ月リース	1	式		47,000
仮設電気設備	電気料金共	1	〃		65,000
仮設給排水設備	接続水道料金	1	〃		35,000
仮囲い		14.5	m	2,420	35,090
水盛遣り方	水杭、水貫等	49.7	m^2	350	17,395
外部足場損料	くさび緊結式本足場 3 カ月リース	246.5	架m^2	1,180	290,870
足場養生ネット損料	防炎 1 類 3 カ月リース	246.5	〃	480	118,320
内部足場・雑足場	脚立足場 1 カ月	99.4	m^2	330	32,802
内部養生費		99.4	〃	650	64,610
清掃片付費		99.4	〃	460	45,724
発生材処分費	4 t 車両木くず・発生ガラなど	1	台	50,000	50,000
ハウスクリーニング	引渡し前	99.4	m^2	440	43,736
ガードマン		6	人工	11,700	70,200
	1. 小計				915,747
2. 基礎工事					
根切り		17.33	m^3	6,670	115,591
残土処分	場外搬出費（処分費別途）	11.51	〃	6,600	75,966
割栗石地業	ランマー転圧	6.1	〃	9,200	56,120
整地		49.69	m^2	900	44,721
捨てコンクリート	18-18-20	2.73	m^3	13,000	35,490
打設手間	カート打設	2.73	〃	5,030	13,732
型枠工事	外周および内周	50.7	m^2	6,240	316,368
外周異形鉄筋立上共	D13 H=450 ユニット鉄筋	30.4	m	880	26,752
同上組立費		30.4	〃	960	29,184
異形鉄筋耐圧版	D13 @ 200 ダブル@ 250	0.71	t	55,000	39,050
同上加工組立費		0.71	〃	71,500	50,765
スペーサーブロック	コンクリート製 40×50×60	100	個	26	2,600
生コンクリートポンプ費		2	回	80,000	160,000
生コンクリート耐圧版	21-18-20	9.5	m^3	13,300	126,350
耐圧版打設手間	ポンプ併用	9.5	〃	1,450	13,775
生コンクリート立上り	21-18-20	2.7	〃	13,300	35,910
耐圧版表面仕上	木ごて均し	62.3	m^2	320	19,936
立上り打設手間	ポンプ併用	5.1	m^3	1,220	6,222
レベル出し	セメント系 t10 セルフレベリング材塗り	7.2	m^2	2,120	15,264
金物類	アンカーボルト、ホールダウン金物等	1	式		50,000
防湿シート	t0.15 ポリエチレンフィルムシート	49.69	m^2	320	15,901
土台気密シート	t10 バリアパッキン	28.0	m	620	17,360
防蟻防腐塗装	土台より 1 m まで	49.69	m^2	800	39,752
トラッククレーン	4.9 t 吊オペレーター付賃料	1	台/日	36,000	36,000
建て方手間（鳶・手元）		4	人工	19,800	79,200
	2. 小計				1,422,009
3. 木工事					
a. 構造材					
土台 桧 KD	4000×120×120	17	本	6,450	109,650
大引 米ツガ KD	4000×105×105	7	〃	3,740	26,180
〃 〃 〃	3000×105×105	2	〃	2,840	5,680
火打土台 桧 KD	4000×45×90	5	〃	1,660	8,300
通柱 桧 KD	6000×120×120	4	〃	15,600	62,400
管柱 桧 KD	3000×120×120	51	〃	4,830	246,330
梁 桧 KD	5000×120×270	1	〃	19,900	19,900
〃 〃 〃	5000×120×240	1	〃	17,100	17,100
〃 〃 〃	4000×120×300	3	〃	16,500	49,500
〃 〃 〃	4000×120×270	4	〃	14,900	59,600
〃 〃 〃	4000×120×240	4	〃	12,900	51,600
〃 〃 〃	4000×120×180	2	〃	9,670	19,340

事例2　詳細に拾った見積書

工事項目	規格・仕様	数量	単位	単価	金額（円）
梁　桧　KD	4000×120×150	1	本	8,060	8,060
〃　〃　〃	4000×120×120	35	〃	6,450	225,750
〃　〃　〃	3000×120×240	3	〃	9,670	29,010
〃　〃　〃	3000×120×210	5	〃	8,460	42,300
〃　〃　〃	3000×120×180	11	〃	7,250	79,750
火打梁　桧　KD	4000×90×90	11	〃	3,620	39,820
小屋束　桧　KD	4000×120×120	9	〃	6,450	58,050
野地板　構造用合板	t12×910×1820	52	枚	1,190	61,880
1階下地　構造用合板	t12×910×1820	26	〃	1,190	30,940
2階下地　構造用合板	t12×910×1820	30	〃	1,190	35,700
ロフト床下地　構造用合板	t12×910×1820	9	本	1,190	10,710
外部下地　構造用合板	t9×910×3030	32	枚	1,960	62,720
〃　〃　〃	t9×910×2730	32	〃	1,830	58,560
〃　〃　〃	t9×910×1820	15	〃	1,100	16,500
a. 小計					1,435,330
b. 羽柄材					
屋根垂木　米ツガ　KD	4000×45×90	38	本	1,620	61,560
〃　〃　〃	3000×45×90	25	〃	1,220	30,500
ロフト根太　杉　KD	3000×45×45	20	〃	570	11,400
2階根太　杉　KD	4000×45×105	49	枚	1,790	87,710
〃　〃　〃	3000×45×105	4	本	1,340	5,360
1階根太　杉　KD	4000×45×45	40	〃	760	30,400
〃　〃　〃	3000×45×45	4	〃	570	2,280
間柱　杉　KD	3000×45×120	24	〃	1,530	36,720
〃　〃　〃	3000×30×120	110	〃	1,020	112,200
仮筋かい　ホワイトウッド　KD	4000×30×120	30	〃	1,350	40,500
本筋かい　米ツガ	4000×45×90	26	〃	1,620	42,120
〃　〃　〃	3000×45×90	34	〃	1,210	41,140
捨破風板　杉	3650×21×180	15	枚	1,090	16,350
外部通気胴縁　杉	3000×18×45	128	本	190	24,320
〃　〃　〃	3000×18×90	40	〃	380	15,200
下地垂木　赤松　KD	4000×30×40	300	〃	580	174,000
b. 小計					731,760
c. 補足材		1	式		108,355
d. 配送費		1	〃		68,263
e. 基本加工費		99.38	m²	1,970	195,779
f. オプション加工費	ロフト部分	14.9	〃	1,820	27,118
大工手間	手元・建て方費含	99.38	〃	20,000	1,987,600
〃	ロフト	14.9	〃	12,000	178,800
釘・接着材・金物	支援機構仕様	99.38	〃	1,650	163,977
屋根断熱材	t45+45 フェノールフォーム保温板1種	118.0	〃	5,740	677,320
外壁断熱材	t40 フェノールフォーム保温板1種	155.0	〃	3,090	478,950
基礎立上り部外断熱材	t40 フェノールフォーム保温板1種	11.9	〃	3,090	36,771
3. 小計					6,090,023
4. 屋根・鈑金工事					
下葺き	アスファルトルーフィング940	88.8	m²	800	71,040
金属板葺き	t0.4 ガルバリウム鋼板　平葺き	88.8	〃	5,110	453,768
破風・鼻隠し	けい酸カルシウム板　t16×W180 ニチハ製品	47.0	m	3,220	151,340
	t0.4 ガルバリウム鋼板　曲げ加工	47.0	〃	2,500	117,500
SUS 雪止め	W200	20	本	900	18,000
玄関庇　900×1000	アルミ既製品　付属金物一式　インターバイザースリムタイプ	1	カ所	124,800	124,800
同上取付費		1	人工	12,950	12,950
軒樋	塩ビ製角形　W90	22.6	m	4,200	94,920
たて樋	塩ビ製　60mm角	21.2	〃	2,430	51,516
集水器	塩ビ製角形　W90用	4	カ所	4,950	19,800
4. 小計					1,115,634

工事項目	規格・仕様	数量	単位	単価	金額（円）
5. 外装工事					
透湿防水シート		155.0	m²	500	77,500
金属系サイディング張り	t15 ガルバリウム鋼板	155.0	〃	7,260	1,125,300
外壁板張り	杉南京下見板張り 杉1等 通気工法	19.9	〃	8,280	164,772
シーリング	変成シリコーン系 開口部回り共	187.3	m	800	149,840
軒天	t14 軒天用ボード 塗装品	18.6	m²	3,920	72,912
通気用水切り	カラー鋼板 直	29.5	m	1,600	47,200
〃	カラー鋼板 コーナー	4	カ所	1,000	4,000
5. 小計					1,641,524
6. 金属製建具工事					
AW-1 半外付け引違窓	W1650×H2200 網戸 付属金物一式 ガラス PW6.8+A12+Low-E3	1	カ所	222,530	222,530
AW-1a 〃	W1650×H2200 網戸 付属金物一式 ガラス FL3+A12+Low-E3	1	〃	74,560	74,560
AW-2 横すべり出し窓	W600×H500 網戸 付属金物一式 ガラス FW6.8+A12+Low-E3	8	〃	58,280	466,240
AW-3 〃	W740×H500 網戸 付属金物一式 ガラス FW6.8+A12+Low-E3	1	〃	62,530	62,530
AW-4 上げ下げ窓	W600×H1100 網戸 付属金物一式 ガラス FW6.8+A12+FL3	2	〃	96,880	193,760
AW-5 半外付け引違窓	W1650×H1500 網戸 付属金物一式 ガラス PW6.8+A12+Low-E5	3	〃	153,320	459,960
AW-6 はめ殺し付縦すべり出し窓	W1650×H900 網戸 付属金物一式 ガラス PW6.8+A12+Low-E3	1	〃	120,800	120,800
AD-1 玄関引戸（片開き）	W924×H2330 LIXIL：防火戸 FG-E ジエスタ 18型 付属金物一式	1	〃	269,250	269,250
6. 小計					1,869,630
7. 木製建具工事					
WD-1 片引きフラッシュ戸	W790×H2200 シナ合板	1	カ所	37,600	37,600
WD-1' 〃	W790×H2200 小窓型ガラス シナ合板	1	〃	51,000	51,000
WD-2 〃	W825×H2200 シナ合板	3	〃	36,000	108,000
WD-3 〃	W815×H2200 小窓型ガラス シナ合板	2	〃	51,000	102,000
WD-4 片開きフラッシュ戸	W765×H2200 小窓型ガラス シナ合板	1	〃	30,000	30,000
WD-5 引違いフラッシュ戸	W1645×H2200 シナ合板	1	〃	47,600	47,600
木製建具取付費		1	式		86,000
7. 小計					462,200
8. タイル工事					
ポーチ・玄関床	300mm角平 磁器質タイル張り	8.4	m²	12,380	103,992
〃	300mm角垂付き段鼻 磁器質タイル張り	6.0	m	8,130	48,780
8. 小計					152,772
9. 左官工事					
ポーチ・玄関床	モルタル下地	8.4	m²	2,610	21,924
犬走り	t30 モルタル金ごて押え	4.2	〃	2,970	12,474
内部壁仕上	塗厚下塗5+上塗2mm 珪藻土塗り（石膏ボード下地）	247.2	〃	4,650	1,149,480
9. 小計					1,183,878
10. 塗装工事					
外壁下見板張部	木材保護塗料塗り（WP）2回塗り	19.9	m²	1,170	23,283
花台	木材保護塗料塗り（WP）2回塗り	4.7	〃	1,170	5,499
階段、ロフト手すり	クリヤラッカー塗り（CL）3回塗り	7.5	〃	2,560	19,200
建具（枠共）	クリヤラッカー塗り（CL）3回塗り	33.0	〃	2,560	84,480
造作家具塗装	クリヤラッカー塗り（CL）	1	式		45,000
10. 小計					177,462
11. 内装工事					
壁下地材	石膏ボード（PB）t12.5×910×1820	138	枚	500	69,000
〃 （洗面、トイレ）	耐水石膏ボード（PB）t12.5×910×1820	20	〃	800	16,000
床下地材（洗面、トイレ）	ラワン合板（完全耐水ベニヤ）1類・タイプI t12×910×1820	3	〃	2,220	6,660

事例2　詳細に拾った見積書

工事項目	規格・仕様	数量	単位	単価	金額（円）
床下地材（押入れ、物置）	ラワン合板（完全耐水ベニヤ）t9×910×1820 1類・タイプⅠ	2	枚	2,790	5,580
天井回り縁	杉材　上小節　30×30	129.1	m	160	20,656
天井仕上材	杉板張り　t12 上小節	111.0	m²	4,390	487,290
腰壁仕上	H900 杉板張り　t12 上小節	4.9	〃	4,390	21,511
1・2階 床仕上材	桧　ムクフローリング　t15×90×3000 1等 無塗装品	86.8	〃	4,240	368,032
押入れ内部仕上材　床板	シナ合板　t5.5×910×1810 2類 天井：PB、壁：珪藻土仕上	3	枚	1,700	5,100
幅木	H60 ヒノキ幅木	75.0	m	880	66,000
玄関上がり框	桧　単板張り　塗装品　t90×120×2950	1	本	25,000	25,000
階段　手すり共	タモ無垢材	1	式		193,000
1階　押入れ造作材	中段および枕棚　間口1.0間用 パナソニック同等品	1	カ所	26,700	26,700
木製建具枠	スプルス上小節　40×150	40.0	m	4,610	184,400
ロフト手すり	タモ無垢材　60×30×2000	2	本	2,080	4,160
〃	タモ無垢材　45×30×4000	5	〃	3,130	15,650
花台	杉材　4000×90×90　1等	3	〃	1,810	5,430
〃	杉材　4000×45×45　1等	4	〃	550	2,200
〃	杉材　3000×45×90　1等	3	〃	840	2,520
〃	杉材　t15×210×3650 特1等	3	枚	900	2,700
〃	杉材　t21×240×3650 特1等	2	〃	1,520	3,040
1階　ウォークイン 棚板	ランバーコア　t24×1220×2430	1	〃	8,610	8,610
〃　〃　〃	ランバーコア　t24×910×1820	1	枚	4,530	4,530
〃　〃　〃	支柱 杉材　1800×90×90	1	本	900	900
〃　〃　〃	框 杉材　4000×60×60	1	〃	990	990
〃　〃　〃	ランバーコア受材 杉材　4000×36×45	1	〃	440	440
〃　〃　ハンガーパイプ	SUS φ32 L=900 上吊りブラケット共	1	セット	2,660	2,660
〃　〃　〃	SUS φ32 L=1900 上吊りブラケット共	1	〃	3,780	3,780
2階　ウォークイン 棚板	ランバーコア　t24×910×1820	2	枚	4,530	9,060
〃　〃　〃	支柱 杉材　1800×90×90	1	本	900	900
〃　〃　〃	框 杉材　4000×60×60	1	〃	990	990
〃　〃　〃	ランバーコア受材 杉材　4000×36×45	1	〃	440	440
〃　〃　ハンガーパイプ	SUS φ32 L=1400 上吊りブラケット共	2	セット	3,570	7,140
床仕上	クッションフロア　t1.8 捨張り別途	5.0	m²	2,420	12,100
カーテンレール	SUS ダブル　取付手間込み	12.3	m	2,980	36,654
玄関収納	下足入　吊戸棚　W1200 大工造作	1	セット	100,000	100,000
キッチン収納	調理台 W1800 吊戸棚 W1800 大工造作	1	〃	200,000	200,000
1階　ウォークイン棚	W600×D600×H2450 家具造作	1	台	35,700	35,700
LD 収納家具	W2900×D450×H450 家具造作	1	〃	250,000	250,000
家具造作取付費		1	人工	22,000	22,000
	11．小計				2,227,523
12. 雑工事					
軒裏換気口	スチール既製品　60×910	12	カ所	4,200	50,400
天井点検口	アルミ製　454×454	4	〃	5,390	21,560
床下点検口	高気密型　464×464	1	〃	5,390	5,390
ロフト用はしご	アルミ　8尺用　ノダ：LHA-207 同等品	1	セット	43,400	43,400
	12．小計				120,750
13. 電気設備工事					
a. 幹線設備工事					
計器ボックス	単相（三相）2・3線式 30A W228×H387×D138	1	面	3,210	3,210
電線	IV5.5㎜	25.0	m	71	1,775
電線管	PF-S管　28㎜	5.0	〃	122	610
同上付属品		1	式		150
分電盤	ELB3P40A 14L IH対応	1	面	23,200	23,200
雑材・消耗品		1	式		880
工事費		1	〃		53,000

工事項目	規格・仕様	数量	単位	単価	金額（円）
試験・調整費		1	式		15,000
電力会社申請手数料		1	〃		20,000
a. 小計					117,825
b. 電灯コンセント設備工事					
コンセント	2P15×2 BOX 共	18	台	252	4,536
〃　　E	2P15A×1 アース付　BOX 共	2	〃	266	532
〃　　2E	2P15A×2 アース付　BOX 共	3	〃	324	972
〃　　2ET	2P15A×2 アース端子付き　BOX 共	1	〃	396	396
〃　　AC	2P15A×1 AC 用　BOX 共	4	〃	392	1,568
〃　　2WP	2P15A×2 WP BOX 共	2	〃	720	1,440
スイッチ	1P15A 片切　BOX 共	2	〃	270	540
〃	1P15A×1＋P付　BOX 共	7	〃	765	5,355
〃	1P15A×1＋3 路　BOX 共	1	〃	446	446
〃	1P15A×3＋P付　BOX 共	1	〃	1,040	1,040
〃	1P15A×3＋P付＋3 路　BOX 共	1	〃	1,240	1,240
〃	調光　ダウンライト用	1	〃	5,250	5,250
電線	VVF1.6-2C	155.0	m	48	7,440
〃	VVF1.6-3C	55.0	〃	90	4,950
〃	VVF2.0-2C	130.0	〃	87	11,310
〃	VVF2.0-3C	30.0	〃	144	4,320
雑材・消耗品		1	式		2,680
工事費		1	〃		147,000
b. 小計					201,015
c. 弱電設備工事					
(1) 電話・LAN 工事					
ケーブル	CAT5	70.0	m	45	3,150
電線管	PF-S 管　28mm	50.0	〃	122	6,100
同上付属品		1	式		1,520
モジュラージャック	電話用　BOX 共	1	台	530	530
〃	LAN 用　BOX 共	4	〃	930	3,720
雑材、消耗品		1	式		350
工事費		1	〃		64,000
(1) 小計					79,370
(2) テレビ共聴工事					
アンテナ	UHF 20 素子　地デジ対応	1	台	4,930	4,930
〃	SHF（BS 110 度 CS）φ600	1	〃	39,200	39,200
アンテナマスト	壁付け　1.8 m 溶融亜鉛メッキ	1	〃	1,190	1,190
ケーブル	S-7C-FB	20.0	m	189	3,780
〃	S-5C-FB	85.0	〃	104	8,840
混合器	CS/BS-IF 対応	1	台	7,870	7,870
TV 端子盤	増幅器、分岐器	1	面	46,900	46,900
直列端子		6	台	960	5,760
配線接続材料		1	式		630
雑材、消耗品		1	〃		2,400
工事費		1	〃		113,700
試験・調整費		1	〃		15,000
(2) 小計					250,200
(3) インターホン工事					
インターホン	4 インチカラー液晶親機×2　カメラ玄関子機×1	1	組	98,000	98,000
ケーブル	VCTF0.75-2C	75.0	m	41	3,075
雑材、消耗品		1	式		2,050
工事費		1	〃		24,600
試験・調整費		1	〃		8,000
(3) 小計					135,725
(4) 火災感知器工事					
煙式火災警報器	電池式	5	台	4,240	21,200
熱式火災警報器	電池式	1	〃	4,060	4,060
(4) 小計					25,260
c. 小計					490,555

事例2　詳細に拾った見積書

工事項目		規格・仕様	数量	単位	単価	金額（円）
d. 照明設備工事						
照明器具	A	LED ブラケット　電球色　防雨形　センサー付	1	台	13,400	13,400
〃	B	LED ダウンライト　昼白色	2	〃	7,040	14,080
〃	C	LED ダウンライト　昼白色　センサー付	2	〃	7,590	15,180
〃	D	LED ダウンライト　電球色	2	〃	4,840	9,680
〃	E	LED シーリングライト（調光・調色）リモコン	1	〃	25,300	25,300
〃	F	LED ブラケット　電球色	1	〃	8,740	8,740
〃	G	LED ダウンライト　電球色	1	〃	5,390	5,390
〃	H	LED シーリングライト　カバー付	1	〃	16,300	16,300
〃	I	FL20W×1灯　シーリングライト　昼白色　カバー付　流し元灯	1	〃	4,070	4,070
〃	J	LED 電球色　ユニバーサルダウンライト	3	〃	10,300	30,900
〃	K	LED ブラケット　電球色	6	〃	20,900	125,400
〃	L	Hf32W×1灯　シーリングライト　富士型	2	〃	5,830	11,660
〃	M	LED スポットライト　防雨形　センサー付	2	〃	16,300	32,600
引掛けシーリング		丸型	5	〃	450	2,250
同上支持材			1	式		8,700
雑材、消耗品			1	〃		17,000
工事費			1	〃		91,700
天井開口、補強			1	〃		16,500
		d. 小計				448,850
		13. 小計				1,258,245
14. 給排水衛生設備工事						
a. 住宅設備機器						
ガス給湯器		エコジョーズ　屋外壁掛式　24号　オート　リモコン付	1	台	205,000	205,000
便器		タンク式　手洗い有　TOTO：GG1-800 同等品	2	〃	131,000	262,000
紙巻器		一連樹脂製	1	個	3,510	3,510
〃		棚付き二連樹脂製	1	〃	4,720	4,720
タオルリング		ブラケット：樹脂製　リング：アルミ製	2	個	2,480	4,960
トイレ手すり		木製　L型　φ32　600×600	2	本	7,910	15,820
洗面化粧台　W900×D550		両開き　3面鏡　蛍光灯　TOTO：オクターブ　ストレートタイプ	1	台	142,000	142,000
洗濯機パン		W740	1	〃	7,080	7,080
タオル掛け		2段式ステンレス製	1	個	5,680	5,680
システムバス　窓枠共		1616　折戸　TOTO：サザナ　プレミアム HG シリーズ	1	台	790,000	790,000
同上組立費			1	式		94,500
浴室乾燥換気扇			1	台	79,800	79,800
浴室ランドリーパイプ		伸縮式　L950～1800	1	本	2,600	2,600
システムキッチン　2550㎜		壁付 I 型　3口 IH ヒーター食洗機付　TOTO：クラッソ基本プラン	1	セット	567,000	567,000
同上組立費			1	式		80,000
		a. 小計				2,264,670
b. 給水設備工事						
水道用耐衝撃性硬質ポリ塩化ビニル管		HIVP 20A	23.0	m	280	6,440
〃		HIVP 13A	2.0	〃	230	460
HIVP 継手			1	式		2,070
架橋ポリエチレン管		13A 保護材付	26.0	m	590	15,340
配管ヘッダー		2P	1	個	4,660	4,660
〃		4P	1	〃	8,160	8,160
架橋ポリエチレン管継手			1	式		5,750
さや管		28A	2.0	m	280	560
支持金物			1	式		5,000
配管工事			1	〃		52,000
量水器 BOX・仕切弁		20A 樹脂製	1	セット	18,000	18,000
量水器 BOX 設置工事		20A	1	カ所	4,830	4,830
配管保温工事		屋外露出　SUS カラーラッキング	3.1	m	3,850	11,935

工事項目	規格・仕様	数量	単位	単価	金額(円)
仕切弁	GV20 JIS-10K 鉛レス	1	個	6,350	6,350
仕切弁BOX	樹脂製 W200	1	〃	2,040	2,040
根切り・埋戻し	根切り:普通土 埋戻し:根切り土 宅地内	15.5	m	1,110	17,205
はつり・補修工事		1	式		4,000
耐圧試験		1	〃		12,000
スリーブ工事		1	カ所	3,530	3,530
雑材・消耗品		1	式		2,600
水道局・下水道局申請・手続費等		1	〃		120,000
b. 小計					302,930
c. 給湯設備工事					
ガス給湯器設置・接続工事		1	台	15,000	15,000
リモコン設置・配線工事		2	カ所	9,800	19,600
架橋ポリエチレン管	16A 保護材付	7.0	m	800	5,600
〃	13A 保護材付	13.0	〃	590	7,670
〃	10A×2 ペア管 保護材付	2.0	〃	1,290	2,580
配管ヘッダー	2P	1	個	4,660	4,660
架橋ポリエチレン管継手		1	式		5,400
被覆銅管	Mタイプ ろう接合 呼径1/2B	3.0	m	650	1,950
銅管継手		1	式		1,320
支持金物		1	〃		3,200
配管工事		1	〃		28,000
止水栓	BAV20A 逆止弁付	1	個	3,230	3,230
配管保温工事		3.1	m	6,120	18,972
はつり・補修工事	屋外露出 SUS カラーラッキング	1	式		2,300
耐圧試験		1	〃		12,000
雑材・消耗品		1	〃		2,150
c. 小計					133,632
d. 排水設備工事					
硬質塩化ビニル管	VP 100A	30.0	m	1,650	49,500
〃	VP 75A	14.0	〃	1,130	15,820
〃	VP 65A	3.0	〃	740	2,220
〃	VP 50A	8.0	〃	570	4,560
排水継手		1	式		11,100
基礎貫通キット	75A	2	個	13,200	26,400
支持金物		1	式		15,500
配管工事		1	〃		160,000
小口径汚水ます	塩ビ製 φ150 90°合流	9	個	6,850	61,650
〃	塩ビ製 φ150 起点トラップ	3	〃	8,620	25,860
根切り・埋戻し	根切り:普通土 埋戻し:根切り土 宅地内	32.0	m	1,660	53,120
雑材・消耗品		1	式		5,580
d. 小計					431,310
e. 衛生器具設備工事					
散水栓BOX	ステンレス製 235×190	1	個	7,290	7,290
散水栓	キー式 差込式	1	〃	4,050	4,050
衛生機器設置・接続工事		1	式		85,000
e. 小計					96,340
f. ガス設備工事					
基本工事費	ガスメーター	1	式		39,000
埋設管工事費	PE 32mm以下	14.0	m	5,550	77,700
ガス栓ライン工事	ガス栓あり	1	栓	12,500	12,500
フレキコック接続		2	カ所	1,160	2,320
メーター固定		1	個	4,020	4,020
穴あけ		2	カ所	2,130	4,260
穴補修		2	〃	1,780	3,560
フレキ天井立上り・立下り		1	系統	4,570	4,570
諸経費		1	式		14,700
f. 小計					162,630
14. 小計					3,391,512

事例2　詳細に拾った見積書

工事項目	規格・仕様	数量	単位	単価	金額（円）
15. 空調設備工事					
V-2 天井扇		2	台	8,700	17,400
P-1 パイプ用ファン	湿度センサータイプ　24時間換気機能付　居室用	5	〃	9,840	49,200
換気扇設置工事費		1	式		35,000
スパイラルダクト	φ100 t0.5	9.0	m	3,480	31,320
〃	φ150 t0.5	1.0	〃	4,240	4,240
ダクト断熱工事	RW50相当品	1.0	〃	7,690	7,690
深型フード	φ100　アルミ製	12	個	2,800	33,600
〃	φ150　アルミ製　防火ダンパー付	2	〃	4,920	9,840
室内給気口	φ100　樹脂製　フィルター付	4	〃	1,260	5,040
〃	φ150　樹脂製　フィルター付	1	〃	1,750	1,750
換気フード類設置工事		1	式		47,500
雑材・消耗品		1	〃		3,550
15. 小計					246,130
16. 諸経費等					
調査および検査費用	地盤調査　スウェーデン式サウンディング試験	1	式		40,000
〃	材料検査　テストピース2回分	1	〃		35,000
設計監理料		1	〃		1,111,000
確認申請手続料	納付金、検査費含む	1	〃		101,000
長期優良住宅認定申請手続料	応力度構造計算含む	1	〃		350,000
損害保険料	火災保険	1	〃		15,000
〃	労災保険	1	〃		120,000
〃	瑕疵担保保険（検査含）	1	〃		80,000
諸経費	現場経費　一般管理費	1	〃		1,550,000
16. 小計					3,402,000
合計					25,677,038

※『積算資料ポケット版　住宅建築編2014年前期』モデルプランタイプCより引用

「長期優良住宅モデル」積算資料作成検討委員会

委員長　　鈴木　晴之　　一般社団法人JBN

委　員　　青木　哲也　　　同上

　同　　　池田　浩和　　　同上

　同　　　伊藤　賢司　　全国建設労働組合連合

　同　　　松本　武　　　　同上

　同　　　眞橋　満朗　　　同上

編集協力　株式会社建築設計同人あらき

第3章
原価管理に関して

1 原価管理の重要性

　「原価管理」とは、施主へ提出する見積書を工事予定金額（材料費・労務費・材工共金額等）と必要な粗利益をもとに算出することから始まります。そして、工事着工前に工事予定金額に従って、それぞれの工事下請け業者への発注金額を決定し、工事を発注します。工事着工後は、工事の進捗に従って追加受注と追加の工事発注の管理を行い、工事が完了した時点で、最終的な粗利益を確定します。以上の一連の業務は、決められた基準・ルールに従って行われることになります。

　さらに、この一連の流れの中で予定外の工事原価が生じた場合は、その原因を分析して、必要な対策を講じて再発の防止を行うことも原価管理の重要なポイントとなります。

　対極は「どんぶり勘定」であり、工事が完了した段階で最後に残ったお金が利益となる、工事が終わらなければ儲かったか損したかもわからない状態です。この章では原価管理の重要性を考えていきます。

1 原価管理の4本柱

　原価管理は、「営業業務の精度向上」、「設計業務の精度向上」、「積算の精度向上」、「工事業務の精度向上」が4本柱です（図1）。

　どの柱が欠けてもバランスが崩れてしまい、工務店の健全な運営に悪影響を及ぼします。営業担当者が施主に無理な値引きやサービス工事を約束してしまっていたり、設計段階で図面の間違いや建築確認が取れないまま工事引き継ぎがなされてしまったり、積算業務では材料の拾い漏れや金額の間違いがあったり、工事業務では工事ミスや手戻りの発生など、さまざまな問題が起こるケースが想定されます（表1）。工務店が継続していくためには、この原価管理の4本柱の業務精度を向上させることにより、1棟ごとの利益を確実に積み上げていくことが必要です。

▶表1　原価管理の4本柱の業務精度向上

■営業業務の精度向上

よくある問題	対処方法
値引き金額が大きい	値引きを抑制する
追加受注が含まれていない	工事への引き継ぎまでに追加受注を確定させる
サービス工事を約束している	サービス工事を禁止する
施主との打合せ内容が他部署に伝わっていない	打合せ記録を作成し、設計・工事に引き継ぐ
資金の裏付けが取れていない	資金の確認・確定を行う
無理な工期で契約している（短工期）	標準工期を周知させる

■設計業務の精度向上

よくある問題	対処方法
地耐力の算定が間違っている	地盤調査を徹底する
配置図が間違っている	敷地調査と整合させる
平均地盤の設定が間違っている	敷地調査と整合させる
基礎の通りが違っている	平面図との整合性を確認する
構造耐力的に難解な平面となっている	上下階の壁の相関関係、偏心率を考慮した設計とする
構造図に間違いがある	構造計画の確認、横架材の断面確認を行う
平面図・展開図に不整合がある	展開図が平面図に整合しているかの確認を行う
資材の品番が間違って記入されている	品番の確認を行う
着工しているのに未決事項がある	原則として工事引き継ぎまでに設計内容を確定しておく
施主との打合せ内容を図面に反映させていない	施主に最終図面の確認を行う
着工前に図面が完成されていない	工事引き継ぎまでに内容を確定させ、図面を完成させる
建築確認を取っていない	建築確認申請の適正なスケジュールを遵守する

■積算の精度向上

よくある問題	対処方法
拾い落としがある	出来上がった見積書を図面と突き合わせる
数量が間違っている	出来上がった見積書の数量と数量算出基準を再確認する
値入れ金額が間違っている	出来上がった見積書の単価を再確認する
単価が実態から乖離している	工事の発注単価と整合させる
単価を定期的にメンテナンスしていない	原則として1年に2回単価を見直す
工事業者から下見積りを徴収してそのまま原価としている	原則として工事ごとの下見積りの徴収を禁止する
予備費を計上している	予備費は原価管理を甘くするので撤廃する

■工事業務の精度向上

よくある問題	対処方法
工事実行予算が適切に組まれていない（時期・内容）	工事着工前の実行予算組みを厳守、内容も整合させる
工事発注が工事着工前に行われていない	工事着工前の発注を厳守する
配置間違いを起こした	地縄時に必ず配置を確認する（設計図書、施主）
図面通り出来上がっていない	設計者が適宜、現場確認を行う
品質管理が行われていない	基礎、躯体、造作、設備の完了時、建物完成時等で品質を確認する
安全管理が適切ではない	適切な足場、ヘルメット、安全帯着用、現場での安全教育等を徹底する
工程通り進んでいない	工程表の策定、適切な時期の工事・資材の手配をする
手戻りがある	工程ごとの工事内容、手順を確認する
手待ちがある	前後の工事の工程、資材の納入時期を管理する
資材が適切な時期に納入されていない	工程の進捗に合わせて資材を適切な時期に納入する
資材発注に品番間違いがある	設計図書通りに発注していることを再確認する
資材の過剰発注をしている（現場で材料が余っている）	資材は必要な数量で発注し、予備は見込まない

1 原価管理の重要性

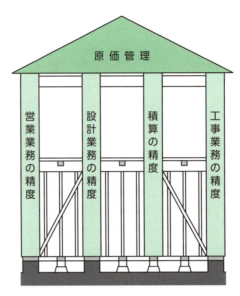

▶図1　原価管理の4本柱

2 原価管理とコストダウン

　第4章では、コストダウンの手法に関して論じますが、せっかく講じたコストダウンで得た利益も原価管理の機能が働いていないと、いつの間にかどこかに消えてしまい、粗利益が一向に上がりません。また、コストダウンの芽（何をコストダウンするのか）を見つけるにも原価管理がきちんと行われていることが前提となります。

　原価管理が機能し、講じたコストダウン策が実現されていくと、当然、粗利益率が向上します。最終的に必要な利益が獲得できるようになれば、利益の一部を、販売力を強化するための宣伝広告や各種イベントの開催、引き渡し後の施主へのサービス（CS向上につながる）、従業員の待遇改善（ES向上につながる）にまわすことができます。建物のグレードを上げて市場での競争力のアップにもつながります。そして、これらのことが複合化されて、ますます販売力が強化され、さらに次の次元のコストダウンが実現するというプラスの循環が始まります（図2）。

1　原価管理の重要性

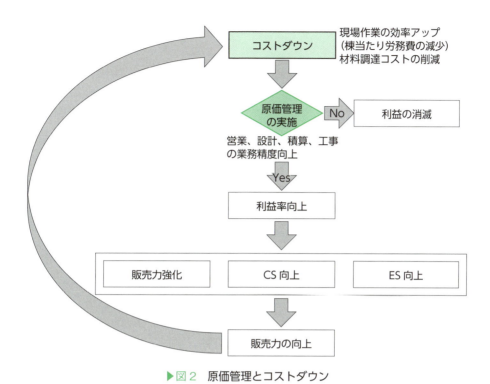

▶図2　原価管理とコストダウン

2 原価管理の業務フロー

　原価管理は、工務店が適正な利潤を生み出し継続的に存続し、雇用や租税公課の責任を果たしていくことにより社会に貢献するために必要な管理です。そして、原価管理の基本は、初回接客から施主への建物の引き渡しに至るまで、時系列的にそれぞれの段階の業務精度を上げて適切に管理していくことです。

　住宅請負の一般的な業務フローと原価管理の要点を図3にまとめました。原価管理の基本は「先手必勝」です。ここではその中でも特に重要な営業・設計部門から工事部門への業務引き継ぎと、工事部門の原価管理に焦点を当てて解説します。

1 営業・設計部門の原価管理

（1）工事部門への業務引き継ぎ

　営業・設計部門から工事部門への業務引き継ぎ前までに、確定しておくべき重要なことが4点あります。

①設計内容の確定

　設計内容の一部に未決定の部分が残り、工事が始まってからも打合せを継続することになると、その内容が全て決まるまで工事予算（実行予算）を確定できません。原価管理上の大きな障害となります。工事予算が一部確定できない工事（例えば木工事）においても、引き渡しの期日が決まっているなど工期上の制約によって、その工事に取りかからざるを得ない場合があります。しかし、工事内容が確定していないために正式な工事発注ができず、取りあえず発注（仮発注）することになり、最後に下請け業者から思わぬ請求書が送られてくることがあります。工事の手戻りや手待ち、遅延が発生する場合もあり、これらも予定外の工事原価を発生させることとなります。

　また、工事着工後に決定した工事の受注責任が不明確となる（営業担当なのか工事担当なのか）ことも多々あり、受注漏れや適切な見積書の作成が行われない場合もあります。

2　原価管理の業務フロー

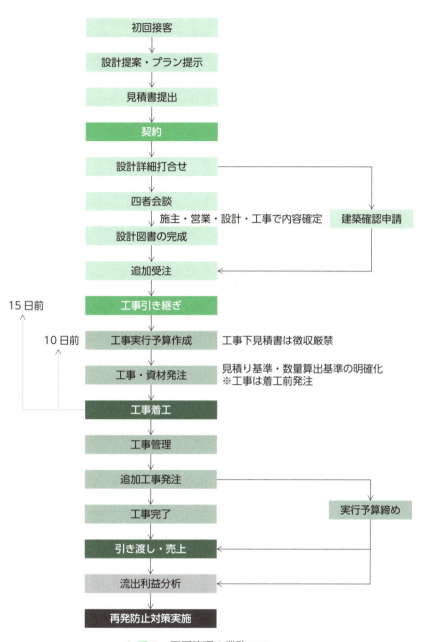

▶図3　原価管理の業務フロー

②追加受注の確定

　設計内容をきちんと固めて、それに関わる追加受注も確定させておくことも原価管理においては重要なことです。追加受注分が含まれていないということは、受注を確定していないことであり、設計内容が確定していない場合と同じように工事実行予算の策定ができ

149

ずに原価管理上の不都合が発生します。

また、いったん工事が始まってしまうと、その受注責任があいまいになり、受注漏れなどが生じることがあることは、先に述べた通りです。

③設計図書（意匠図・構造図・設備関連図等）の完成

工事着工するためには、それぞれの工事を行う下請け業者に必要な設計図書を手渡し、工事発注金額を工事着工前に確定しておく必要があります。設計図書が未完成の場合、その工事の発注金額が決められないままに工事に入ってしまうことになり、工務店だけではなく下請け業者も原価管理（決められた発注金額内でやりくりすること）ができません。

資材の発注に関しても同様で、工事発注原価の確定ができないばかりか、資材納入の手配が遅れることによる職方の手待ちや工事遅延が発生することにもなります。

また、設計図書が確定していないということは、これから設計内容の変更の可能性があるということであり、工事着工後の設計変更は原価管理・利益管理に重大な影響を及ぼします。

④建築確認済証の入手

建築確認申請が必要な建物で、建築確認済証が入手できていないと工事着工はできません（建築基準法第6条）。

建築確認済証が交付されていないということは、まだ建築の内容が建築主事等により審査中であり、設計内容が未確定ということになります。もしかすると、配置等の重大な変更があるかもしれません。

工事担当者が下請け業者に工事の手配を適切な時期に行い、適切な原価管理を行うためには、工事引き継ぎまでに建築確認済証の交付を受けておくことが必要です。

よくある例として、設計内容の確定前に、追加受注もない状態で、工事担当に基礎図だけが手渡されて基礎工事に着手する場合があります。この場合、工事着工前に工事原価を確定するという原価管理の基本原則が崩されることになり、今まで記述したさまざまな原価管理・利益管理の障害につながることになります。

受注してから工事担当者に業務を引き継ぐまでは、営業担当者と設計担当者は、自分たちの業務を責任を持って完了し、工事担当者が行う原価管理が適正に執行できるようにすることが重要な役割です（図4）。

必要な引継書類
契約書コピー
追加受注書コピー
設計図書一式
建築確認済証
見積書（原契約・追加）
資金リスト
打合せ記録・施主確認書
その他

▶図4　営業・設計から工事への業務引き継ぎ

2　工事部門の原価管理

　業務が営業・設計部門から工事部門に引き継がれると工事担当者は準備を行い、いよいよ工事着工です。工事部門が担う着工準備から工事完了までの段階での原価管理は、さらに2つの段階に区分されます。

（1）着工準備（実行予算の策定と発注）

　原価管理上、最も重要なプロセスとなります。この段階での業務の進め方が最終的な粗利益額にまで影響を与えます。要点は着工前に工事実行予算を策定し工事発注を行うことです。

　なお、着工とは地縄・水盛遣り方に着手した時点とすることが一般的です。

①工事実行予算の策定

　「原価管理は工事実行予算の管理」といわれています。

　営業・設計部門から引き継がれた見積書を工事および資材納入の発注先別に工事項目を組み直し、見積り単価を工事発注単価に置き換えて工事実行予算を策定し、工事実行予算管理表を作成します。

　工事実行予算は着工の少なくとも10日前には策定させておく必要があります。工事実行予算の策定に5日間程度要するとして、逆算すると着工の15日前くらいには営業・設計部門から工事部門に引き継がれなければなりません。工事実行予算の策定は特に重要ですので、154ページから詳しく解説します。

②工事発注

着工前に全ての下請け業者への工事発注を完了させます。下請け業者は発注金額があらかじめ決まっていれば、その金額を自分たちの予算としてやりくりを行います。発注金額が確定しないまま着工した工事は予算を持たないままに工事を進めることとなり、結果的に工事金額に歯止めがききません。下請け業者は実際に掛かった費用（出来高）を元請けの工務店に請求することとなります。下請け業者は仕入れた資材や職方への支払いを済ませているのですから、工務店は請求書通りの金額を支払うことになります。このような状況に陥ると、粗利益率を大きく落ち込ませる原因となります。

③資材発注

構造材や羽柄材、メーカー系の資材などはプレカット工場や下請け業者が木拾い・数量拾いを行い、見積書を工務店に提出することが一般的です。その場合は、発注のタイミングが着工前から少し遅れる場合もあります。工事実行予算管理表上は仮の発注原価を計上しておいて、納入業者から見積書を徴収した時点で差し替えることもあります。

(2) 着工から工事完了まで

工事実行予算に従って下請け業者への発注金額を決定し、工事発注を済ませた後に、工事担当者が行うことは工程管理・品質管理・安全管理・環境管理です。また、工事途中で発生する追加・変更工事、予期していなかった事態への原価管理の対応も重要な業務の一つです。例えば、造り付け家具工事が追加されたり、施工ミスによりその部分の再工事が必要となったりした場合です。

追加・変更工事は、その都度、施主に見積書を提出して追加受注を確実に行うことが肝要です。ここをおろそかにして後回しにすると受注漏れを引き起こし、粗利益率の低減を招きます。

施工ミスによる再工事に要する費用は、原則、原因者負担です。ただし、下請け業者へ責任を一方的に押し付けるのではなく、元請けの工務店の管理ミスが絡んでいた場合は、工務店は応分の負担をする必要があります。逆に下請け業者が自身の施工ミスによる再工事に掛かった費用を、出来高として工務店に全額請求してきた例もありましたので注意が必要です。

いずれにしろ、工事途中に工事原価の増減があった場合は、その都度、工事実行予算管理表に反映させて粗利益の変動を監視することが必要です。そして、工事が完了した時点

で即座に工事実行予算管理表に最終的な工事原価を確定させて粗利益を算出します。

3 工事完了後

　工事実行予算管理表で計上したそれぞれの工事の発注予定金額と、実際に発生した工事金額（支払金額）を対比させます。大きく乖離があり、利益が流出した工事抽出して、その原因を分析し、再発防止対策を講じます。この再発防止にまで展開させることが、原価管理の要点となります。詳細な方法は、次で解説します。

3 工事実行予算の管理

「原価管理は工事実行予算の管理」といわれています。工事実行予算管理表は、工事ごとの利益管理を行うことが目的ですが、利益を落とした工事の原因を分析し、以降の工事で同じミスを起こさないための再発防止対策を講じるためにも有益な帳票です。工事実行予算管理表のサンプルを紹介し、運用方法を解説します。

1 工事実行予算管理表の作成

工事実行予算管理表の使用目的は次の通りです。

①工事着工前に予定原価を掌握する

②予定原価に従ってそれぞれの下請け業者との発注金額の調整を行い発注する

標準的な内容の工事で、元請けの工務店と下請け業者の取り決め単価が設定されていて、数量拾い基準が共通ならば、予定原価と発注金額は同じになるはずです。

③工事中の発注原価と粗利益の推移を監視する

④工事完了後に大きく原価が変動した工事項目を抽出して、その原因を分析して再発防止策を講じる

これらの一連の推移をそれぞれの担当者から管理職、さらに経営幹部までが状況を常時確認できるようにすること（見える化）が大きな目的です。

表2の工事実行予算管理表に従って、その使い方を解説します。

3 工事実行予算の管理

▶表2 工事実行予算管理表

工事実行予算書　邸名 12405　港 博 様邸

(1) 基本日程（年・月・日）

段階	予定	実績
(1) 契約	10月1日	12月5日
(2) 着工	12月25日	12月20日
(3) 工事完成	2月29日	3月5日
(4) 引き渡し	3月10日	3月10日

A.業務引継日	B.発注予定日	実績
		12月5日
実行予算策定日	12月15日	
工事発注日	12月5日	12月15日
資材発注日	3月10日	12月25日

(4) 原価・粗利益

段階	受注金額	発注原価	粗利益額	粗利益率
a. 受注時	23,400,000	16,778,000	6,622,000	28.30%
b. 引き継ぎ	24,300,000	17,617,000	6,683,000	27.50%
c. 実行予算	24,300,000	17,450,000	6,850,000	28.20%
d. 売上	24,800,000	18,555,000	6,245,000	25.20%
差額 c−b		−167,000	167,000	0.70%
差額 d−c	500,000	1,105,000	−605,000	−3.00%

(5) 発注内訳

発注先	工事区分	区分	b. 引継予算	c. 実行予算	原価	d. 売上	原価差 c−b	d−c
大森工務店	仮設	材工	820,500	720,000	720,000	720,000	−100,500	0
	木工	工	4,328,000	4,010,000	4,045,000	4,045,000	−318,000	35,000
	石・タイル	材工	237,000	263,000	263,000	263,000	26,000	0
	左官	材工	922,000	872,000	872,000	872,000	−50,000	0
	塗装	材工	723,000	715,000	715,000	715,000	−8,000	0
	内装	材工	839,000	785,000	785,000	785,000	−54,000	0
	(小計)		7,869,500	7,365,000	7,400,000	7,400,000	−504,500	35,000
蒲田建設	基礎	材工	1,327,000	1,270,000	1,652,000	1,652,000	−57,000	382,000
品川基礎補強	基礎	材工	625,000	580,000	795,000	795,000	−45,000	215,000
神田プレカット	木	材	1,623,000	1,623,000	1,623,000	1,623,000	0	0
上野材木店	屋根	材工	325,000	325,000	495,000	495,000	0	170,000
田端ルーフ	外部建具	板金具	486,000	473,000	473,000	473,000	−13,000	0
飯田橋ガラス		材	973,000	904,000	904,000	904,000	−69,000	0
中野産業	内部建具	材工	625,000	603,000	603,000	603,000	−22,000	0
	雑	材工	1,341,000	1,120,000	1,423,000	1,423,000	−221,000	303,000
	(小計)		1,966,000	1,723,000	2,026,000	2,026,000	−243,000	303,000
荻窪キッチン	仮設	材工	768,000	768,000	60,000	60,000	0	0
	雑	材工	60,000	60,000	365,000	365,000	0	0
大宮設備	屋内給排水	材工	385,000	365,000	605,000	605,000	−20,000	0
	屋外給排水	材工	623,000	605,000	1,030,000	1,030,000	−18,000	0
	(小計)		1,068,000	1,030,000			−38,000	0
浦和電気	仮設	材工	40,000	40,000	40,000	40,000	0	0
	電気設備	材工	623,000	605,000	605,000	605,000	−18,000	0
	(小計)		663,000	645,000	645,000	645,000	−18,000	0
市川造園	外構	材	732,000	684,000	684,000	684,000	−48,000	0

備考欄（工事担当者記入）
12/5（斉藤）左官工事・塗装工事を分離から大森工務店への発注に変更しました（工期厳しいため。
12/5（斉藤）見積り精査の結果、大森工務店への発注金額下げました。
1/15（斉藤）木工事、地盤の状況悪く、地盤改良有。基礎工事費大幅に増額となります。
2/12（斉藤）システムバスの品番間違いが納品後に発覚しました。原価持出しとなります。

(2) 引継書類（引継時点）

	書類名	特記
■	(1) 契約書コピー（原契約書）	
■	(2) 追加受注書コピー	
□	(3) 設計図面	
■	(4) 確認申請書	12月10日交付予定
□	(5) 見積書（原契約・追加）	
■	(6) 資金リスト	
■	(7) 打合せ記録・施主確認書	虎の門銀行ローン12月3日実行済み
	(8) その他	

(3) 引継確認印

	設計責任	工事責任	営業責任	工事
	12/4	12/4	12/3	12/3
	(田)	(田)	(鈴木)	(斉藤)

	設計	設計	営業	営業
	12/4	12/1	12/3	12/2
	(高梨)	(山田)	(遠藤)	(高田)

(10) 意見記入欄（記入者）

月/日	記入
12/5	営業（高田）3月10日の引き渡しが絶対条件です。
12/15	設計（山田）地盤改良の品質確保お願いします。
12/15	工事（鈴木）木工事はさらに5％下がるので見直しを。
2/10	工事（斉藤）施工から床材のグレードアップで本棚をサービスするとのこと。営業に確認されましたが、その通りとのこと。
3/7	社長（田中）約束しているといわれました。営業に確認すると、3/8　了解いたしました。3/8　了解いたしました。

(8) 利益低減項目と再発防止策

事象	粗利影響額		原因	再発防止策
地盤改良・基礎工事費用他の大幅増加	597,000	−2.40%	部門（設計）調査結果はスウェーデン式で18kN、実際は12kNしかなかった。（工事担当）	部門（設計）軟弱地盤の場合は、ボーリング調査も追加で荷重試験を実施します。（設計課長）
システムバスの品番違い	303,000	−1.20%	部門（工事）図面の品番を書き間違えて発注してしまった。（工事担当）	部門（工事）図面と見積書・発注書の整合性のチェックを徹底します。（工事課長）
リビングの木サッシローリングのグレードアップ	170,000	−0.70%	部門（営業）営業担当者がサービスエ事で約束していた。（工事担当）	部門（営業）今後、このような勝手がないよう指導を徹底します。（営業部長）
本棚の追加工事	35,000	−0.20%	部門（営業）上記と同じ理由。見積りには計上していなかった記入のこと。（工事担当）	同上

*上位の5事象、0.5％以上の利益低減。その他重大な事項に関して記入のこと

(6) 実行予算確認・承認

社長	工事責任	設計責任	営業責任
12/27	12/25	12/25	12/26
(田)	(鈴木)	(山田)	(遠藤)

(7) 売上確認・承認

社長	工事責任	設計責任	営業責任	完了
3/7	3/3	3/5	3/5	○
(田)	(鈴木)	(高梨)	(遠藤)	

(9) 再発防止策確認

社長	工事責任	設計責任	営業責任	完了
3/15	3/10	3/11	3/12	○
(田)	(斉藤)	(山田)	(高田)	

第3章 ● 原価管理に関して

（1）日程の管理

　契約から引き渡しまでの基本日程（A．基本日程）を左列に、工事発注に関わる日程（B．発注日程）を右列で管理します。契約実績日と着工、工事完成、引き渡しの予定日を設計担当が入力し、その他の実績日は工事担当が入力します。

　発注日程の管理は着工日を起点として、引き継ぎと実行予算の日程管理が適切に行われているかを掌握するための重要な管理項目です。着工予定日の15日前までの引き継ぎ、10日前までの実行予算策定が原則です。

　営業・設計部門では、別途表3で示したような設計工程管理表を使って、設計工程管理を行う必要があります。

（2）引継書類の管理

　工事担当者が実行予算を策定する前に、着工するために必要な書類が営業・設計部門から引き継がれていることを確認する部分です。追加受注が完了していること、設計図書が完成していること、建築確認済証が交付されていること、資金の裏付けが確認できること等が管理ポイントです。施主との打合せ記録・施主確認書の添付も工事を行う上での重要な情報となります。

▶表3　設計工程管理表

設計工程	内容	予定日	実施日
敷地調査	地型、高低、道路付け、用途地域、地耐力、その他	9月3日	9月3日
概略設計	1/100ラフ図面	9月12日	9月15日
見積書提出		9月20日	9月22日
契約	契約図1/50…仕様書、配置図、平面図、立面図	9月29日	10月1日
間取りの打合せ完了	展開図、構造図	11月5日	11月5日
建築確認申請		11月12日	11月10日
仕様の打合せ完了	屋根、外壁、外部建具、床・壁・天井仕上げ、内部建具、造作、住宅設備機器、その他	11月19日	11月12日
インテリア打合せ完了	床・壁・天井仕上げの品番、照明器具、家具、カーテン	11月19日	11月12日
設計図書完成	構造図	11月23日	11月20日
施主との最終打合せ	施主、設計、営業	11月25日	11月25日
追加受注	追加受注書	11月30日	11月30日
建築確認済証の交付		12月5日	12月10日
引継書類	設計図書一式、建築確認書、追加受注書、打合せ記録、その他	12月5日	12月5日

(3) 引継確認の管理

着工するために必要な要件がそろい、業務が営業・設計部門から工事部門へ引き継がれているかを管理職、経営者までが管理・確認するための部分です。担当者個人ではなく、組織としての管理を行うことが目的です。

(4) 原価・粗利益の管理

受注時から売上までの時系列的な受注金額・発注原価・粗利益の推移の管理表です。受注時と引き継ぎまでを設計担当者、実行予算と売上を工事担当者が入力します。

それぞれの段階での概括的な粗利益額・粗利益率、売上期日等の経営的に必要な情報が適宜、掌握できるようになります。

(5) 発注内訳と予算・売上の確認と承認

①実行予算の策定

引継予算（b）をもとにして発注先ごとに工事区分を集約して実行予算（c）を策定します。実行予算と引継予算の原価差異を計算します（c − b）。

②売上時点の工事原価を記入

実行予算に従ってそれぞれの工事の発注を済ませて工事に着手し、工事完成後に工事中に発生した追加・変更工事や追加原価を算入して売上時点での工事金額を記入します(d)。売上時点の工事原価と実行予算の原価差異を計算します（d − c）。

(6) 実行予算確認・承認

上位者（特に工事部門長）が、実行予算が適正であることを確認、承認することが原価管理の基本です。設計上や見積りの問題があれば、この段階で対応することができます。

(7) 売上確認・承認

工事が完成した時点で、施主からの追加・変更工事の受注、工事中に発生した追加原価、最終の粗利益額等の確認を行い、引き渡しの承認を経営者が行います。

(8) 利益低減項目と再発防止策

原価の持出しが大きかった工事項目に関しては、工事部門がその事象を明確にして原因

を特定し、関連部門にフィードバックを行い、当該部門が中心となって再発防止の対策を講じ、社内全体で情報を共有します。具体的な方法は、「利益改善会議の開催」で解説します。

原価の持出しが大きいと判断する基準は、例えば原価差異金額が大きかった上位の5事象および0.5％以上粗利益率を押し下げた要因、低粗利益邸名（例えば20％未満の売上物件）等とします。

(9) 再発防止策確認

再発防止策を全社で展開するためには、経営者、各部門責任者の実施への強いリーダーシップが必要です。どのような事象が利益低減の要因となっているのか、その事象が発生した根本的な原因は何なのか、それを取り払うためにはどのような施策を講じる必要があるのかなど、より広い視野で判断することが重要です。漫然とではなく自分自身も当事者であることを自覚した上で押印してください。

(10) 意見記入

工事実行予算表の運用のそれぞれの過程で生じた指示、質問・解答等を適宜記入する欄です。この部分の内容が充実していることが、原価管理機能が上手く機能しているかの判断材料の一つとなります。

2 利益改善会議の開催

利益改善会議とは、全社あげての利益改善やコストダウンへの取り組みの方針や実施状況の確認を行う会議です。その中でも定常的な大テーマが「個別邸名の利益低減要因の抽出と再発防止策の実施」です。毎月1回、前月の売上邸名の原価が確定する第2週目頃の幹部会議等の後に開催するのが適当でしょう。会議次第の例を図5に示しました。それぞれの議題の内容を解説します。

(1) 前月売上邸名の粗利益金額・率の報告

経理責任者（もしくは工事責任者）が前月に売り上げた全ての工事邸名に関しての実行予算策定時点と売上時点の粗利益額の推移を一覧表（表4）にして報告します。大きく粗

3 工事実行予算の管理

```
          7月利益改善会議  議事次第

■開催日時：7月11日（月）13：00～14：00
■メンバー：社長、各部門責任者

 1. 前月売上邸名の粗利益金額・率の報告    経理責任者・工事責任者
 2. 3カ月間の利益低減の原因別集計結果    経理責任者
 3. 再発防止策の実施状況の報告          該当責任者
 4. 粗利益の月次推移の確認             経理責任者
 5. 今後取り組むべき課題に関して         全員
```

▶図5　利益改善会議の議題

▶表4　前月売上邸名別粗利表

工事番号	邸名	建設地	種別	延床面積	営業	設計	工事		受注金額	工事原価	粗利益額	粗利益率	特記
1512	KI様邸	品川区	軸組2階	120m²	田中	佐藤	鈴木	実行予算	23,536,000	16,875,312	6,660,688	28.3%	地盤改良実施
								売上時	24,100,000	18,002,700	6,097,300	25.3%	
								売上−予算	564,000		−563,388	−3.0%	
1516	YA様邸	町田市	軸組2階	162m²	山田	佐藤	本田	実行予算	27,663,000	19,585,404	8,077,596	29.2%	家具工事追加
								売上時	28,257,000	19,864,671	8,392,329	29.7%	
								売上−予算	594,000		314,733	0.5%	
1521	HT様邸	大田区	枠組3階	145m²	田中	川井	中山	実行予算	32,052,000	23,333,856	8,718,144	27.2%	造園工事追加
								売上時	32,563,000	23,412,797	9,150,203	28.1%	
								売上−予算	511,000		432,059	0.9%	
1523	SR様邸	品川区	軸組3階	128m²	大山	佐藤	鈴木	実行予算	29,327,000	21,027,459	8,299,541	28.3%	空調機減額
								売上時	29,265,000	21,597,570	7,667,430	26.2%	
								売上−予算	−62,000		−632,111	−2.1%	
1527	NK様邸	三鷹市	枠組2階	132m²	山田	川井	本田	実行予算	24,503,000	17,519,645	6,983,355	28.5%	近隣対策必要
								売上時	25,362,000	18,083,106	7,278,894	28.7%	
								売上−予算	859,000		295,539	0.2%	
	合計							実行予算	137,081,000	98,341,676	38,739,324		
								売上	139,547,000	100,960,844	38,586,156		
								売上−予算	2,466,000	2,619,168	−153,168		
	平均							実行予算	27,416,200	19,668,335	7,747,865	28.3%	
								売上	27,909,400	20,192,169	7,717,231	27.6%	
								売上−予算	493,200	523,834	−30,634	−1.2%	

利益率を落とした工事邸名や低粗利益率となった工事邸名が明らかになります。この例では前月の売り上げは5邸名であり、KI様邸とSR様邸が大きく粗利益を落としていることがわかります。

3　工事実行予算の管理

▶表5　利益低減要因リスト

| 順位 | 項目 | | | | 発生件数 | 利益低減金額合計 | 割合 | 担当部門 | 対策 |
	コード		サブコード						
1	B01	設計ミス	23	地盤改良	2	723,000	31.1%	設計	敷調時に全邸名の地耐力調査実施
2	A02	営業値引き	31	サービス工事	5	623,000	26.8%	営業	サービス工事禁止
3	B01	設計ミス	11	品番書き間違い	3	323,000	13.9%	設計	図面納品時点で再確認する
4	D05	工事ミス	18	追加請求	5	276,000	11.9%	工事	図面納品時点で再確認する
5	C01	積算ミス	12	拾い落とし	2	128,000	5.5%	設計	拾い基準再確認
				合　計	37	2,325,000	100.0%		

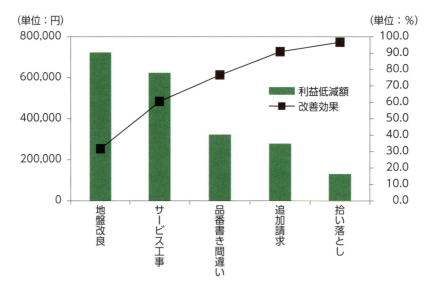

▶図6　利益低減要因と改善効果

▶表6　再発防止策の実施状況報告書

再発防止策	原因発生月	実施状況（7月4日現在）	実施率	特記
(1) 全邸名の地耐調査の実施	5月	地盤調査会社に業務委託を行い、6月の新規発生邸名より全て実施している。	5/5邸名 100%	5邸名中5邸名が軟弱地盤であった。
(2) 図面納品時点で品番確認	6月	チェックシートを作成。設計事務所の自主チェックと設計担当者のチェックを6月の納品図面から開始した。住宅設備機器を重点的に行っている。	2/4邸名 50%	A設計事務所にミスが多いので重点指導している。7月から100%実施する。

報告：設計責任者

(2) 3カ月間の利益低減の原因別集計結果

さらに、粗利益を落とした原因別の影響金額を一定期間で区切って集計します。区切る期間は3カ月程度が適切と思います。原因をコード化して工事邸名ごとにパソコンでデータ管理をしておくと、期間別・原因別の影響金額の集計がやりやすくなります。表5は集計したリストの例です。粗利益低減の影響金額の大きい順に並べています。継続的に発生している事象なのか、偶発的に発生した事象なのかを把握するために発生件数も記入します。地盤改良（設計ミス）に起因する原因の金額が最も多く2件発生して累計で72.3万円、当該期間に発生した利益低減金額合計の31.1％となっています。次に多かったのはサービス工事（営業値引き）、3番目に多かったのが品番書き間違い（設計ミス）でした。この3つの原因で全体の71.8％を占めています。それぞれの担当部門が実施する必要がある対策を右の欄に記入し、担当部門へフィードバックします。

図6は表5をパレート図（棒グラフとその累積構成比率を組み合わせた図）にしたものです。一般的には上位の3事象の業務改善が図られれば、原価低減金額の半分から7割程度が解消されることになります。上位にある原因から重点的に対策実施に取り組むことが利益改善の鉄則です。

(3) 再発防止策の実施状況の報告

フィードバックを受けた担当部門の責任者は、利益改善会議が終了してから1週間以内に再発防止策の実施計画を策定し、会議メンバーに具体的な業務改善方法と実施スケジュールを報告します。そして、毎月開催される利益改善会議で再発防止策の実施状況を報告します。再発防止策を講じた以降の工事で対策が確実に実施されている事を確認してください（表6）。

(4) 粗利益の月次推移の確認

毎月の粗利益率の推移を示した折れ線グラフを用意して、再発防止策の実施が着実に粗利益率の改善につながっていることを確認します。図7は粗利益率の推移表の例です。昨年度23.4％だった粗利益率が再発防止策の成果が表れて、順調に改善されてきています。6月には目標粗利益率の27％を達成できました。

再発防止策を講じているのに粗利益率の改善が見られない場合は、その原因を探ることになります。今までなかった新たな原因が発生し始めているのか、受注時点の値引きが増

えてきているのか等、多岐にわたる原因が考えられますが、ひとつひとつ粘り強く掘り起こして再発防止に取り組む必要があります。

(5) 今後取り組むべき課題に関して

利益改善会議の最後の議題として、全社を横断して取り組まなければいけない課題について議論をかわします。例えば、「最近競合が増えて安易に値引きに走る傾向があり、もっと競争力のある仕様設定を行う必要がある」とか「構造材の市況価格が高騰してきているが、受注金額に転嫁できるのかどうか」といった難しい課題を会議メンバー全員で共有し、早い段階で対処できるようにすることが強い工務店となるための条件です。

以上の利益改善に関する手法を実施するに当たって、経営者・管理職の方々に必ず留意していただきたいことがあります。それは、利益低減要因を科学的なデータをもとに冷静沈着に一つずつつぶしていくことが目的であり、その矛先を原因となっている工事の担当者に向けた責任論的な方向に転嫁しては絶対にいけないということです。決して魔女狩りのようなことをしてはいけません。

個人レベルではなく、会社・組織としての業務改善まで昇華させることが成功の秘訣です。担当者が畏縮するような企業風土は、組織を衰弱させ、さまざまな不正行為にもつながることもあります。若い社員が今回は上手くいかなかったとしても、それを糧に成長していき、会社全体が活性化するような環境をつくってください。

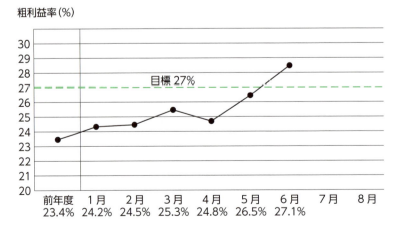

▶図7　粗利益率の推移表

3 工事実行予算運用の留意点

　工事実行予算の策定に当たり、陥りがちないくつかの事項を解説します。これらは工事実行予算の信頼性をなくし、粗利益が最後まで読めなくなることで、工務店の経営上の大きな障害となりますので、重要な管理項目としてください。

（1）取り決め単価での発注が大原則

　工事実行予算として計上する工事発注単価は、工務店と下請け業者とで事前に取り決めている単価であることが大原則です。単価の設定がなされておらず、下請け業者とその都度価格交渉をして発注金額を決めていくと、工事邸名ごとの価格交渉に労力が掛かるだけではなく、原価が読めない（いくら粗利益が出るかが事前に見込めない）こととなり、原価管理上好ましくありません。経験豊富で押しの強い工事担当者の工事発注金額が低く抑えられても、その分を新人の工事担当者の工事発注金額に上乗せされていることはよくあることです。

　下請け業者との取り決め単価は、基本的には年度で、材料費や労務費の高騰・暴落がある場合は半期ごとに決めるのが適当だと思います。そして、一度決めた単価を遵守することが重要です。取り決め単価により算出した発注金額をさらに工事邸名ごとに値交渉することが常態化すると、下請け業者もその都度の値交渉がある前提でしか取り決め単価の交渉に応じなくなり、結果的には高く設定した取り決め単価となってしまいます。

（2）下見積りの徴収禁止

　下請け業者から下見積りを徴収して工事実行予算を策定している工務店もあると思いますが、一般的には下見積りはリスクを見込んで高めに出される傾向があります。また、発注金額を決めるための値交渉が下見積りをベースに始まります。工務店ではなく下請け業者が主導権を握ることになり、高めの金額となる傾向があります。

（3）予備費の計上禁止

　工事実行予算の中に予備費が含まれていることがあります。予備費として計上している場合もあれば、巧妙にどこかの工事項目や単価の中に隠している場合もあると思います。

　原価管理の基本は、この予備費を撤廃することです。予備費があるとどうしても発注管

理が甘くなりがちです。工事実行予算上では、この予備費は実態のない工事原価として扱われますので、見かけ上の粗利益はその分低くなります。多くの場合、上位の管理職はこれを見抜けていません。工事担当者は、工事実行予算で承認された粗利益を達成することがタスクとなります。予備費に計上された本来は表出すべき利益が何らかの原因で消えてしまっても、承認された粗利益が確保できていればそれで良いということになってしまいます。例えば3％の予備費を原価として計上して25％の粗利益率で実行予算を組み、最終的に26％の粗利益率を達成すると工事担当が1％粗利益を上げたとの評価を受けますが、もともとは28％あった粗利益から2％落としたことになり、評価が一変することとなります。

工事実行予算で計上する粗利益は、全ての工事が順調に予定通り完了した場合の粗利益率であり、まずほとんどの工事邸名で予定外のことが発生します。従って、当初の粗利益率より1％程度落ちることがあることを、経営者や上位の管理職は認識する必要があります。

予備費を計上すると、利益を落とした原因が隠れてしまい、その後の原因追求と再発防止策を講じることができなくなりますので、予備費は撤廃することが経営の基本であると考えます。

(4) 原価の付け替え禁止

ある工事でミスや発注漏れがあり、下請け業者に頼んで別の工事邸名に付け替えて支払いが行われている場合がありますが、この行為は厳禁です。原価管理はそれぞれの工事で行うのが鉄則です。また、このような行為は下請け業者との貸し借り関係をつくることとなり、足元を見られることにもなります。コンプライアンス（企業倫理）においても問題となります。

第4章
コストダウンの手法に関して

1 コストダウンの目的

　住宅1棟を建てる際に必要なコストを大別すると、直接コストと間接コストの2つがあります。直接コストとは工事原価のことで、材料費や職方に支払う労務費のことです。間接コストとは、本店経費などの諸経費のことです。コストダウンの方策を考えるに当たり、工務店全体を見れば、直接コストだけではなく、事務業務などの効率化を含めた間接コストの削減も重要なテーマですが、ここでは主に直接コストを対象としたコストダウンの目的と方法を解説します。

1 なぜコストダウンが必要なのか

　コストダウンの目的は一つではありません（図1）。いずれも工務店の経営の安定に資する事項です。ただし、これらの目的は置かれた状況によって強弱があり、めりはりを付けて考える必要があります。

　経営を維持するためには必要な営業利益を確保しなければなりません。工務店としての営業利益は1棟1棟の粗利益を積み上げた粗利益額の総和から、社員の人件費や地代・家賃などの工務店を運営していくための諸経費を差し引いたものです（営業利益＝総和としての粗利益額－諸経費）。

```
┌──────────── コストダウンの目的 ────────────┐
│                                                    │
│  1棟当たりの粗利益額、および粗利益率を高める       │
│  施主への見積金額を下げて価格競争力を高める（売価ダウン）※  │
│  コストダウン分をグレードアップに充当して価格競争力を高める │
│  新たな技術の開発や投資、広告宣伝を行うための原資とする    │
│  引き渡した施主とのコミュニケーション活動（会報誌、感謝イベント等）に活用する │
│  社員の待遇改善を行う                              │
│                                                    │
└────────────────────────────────────────────────────┘
※売価ダウンは安易に行うべきものではありませんが、コストダウンの目的の一つです
```

▶図1　コストダウンの目的

1 コストダウンの目的

> **営業利益を増大させる方法**
>
> 1棟当たりの粗利益額を増大させる
> 1棟当たりの受注金額を増大させる
> 売上棟数を増大させる
> 諸経費を削減する

▶図2　営業利益増大のアプローチ

　営業利益を増大させる方法には4つのアプローチがあります（図2）。

　新築住宅の着工戸数が減少していくこれからの時代、売上棟数を増大させていくことが難しくなってきています。現状の売上棟数を確保していくことが精一杯ではないでしょうか。

　諸経費を削減するということは、販売に必要な経費や新規の投資を縮小し、さらに社員待遇のレベルダウンや人員の削減にもつながります。このような状況になると会社は縮小均衡のマイナスのスパイラル（諸経費を削減して売上棟数が減り、必要な利益が確保できないのでさらに諸経費を減らし、ますます売上棟数が減っていく）に陥り、経営が苦しくなり、最悪の場合は市場から撤退することになります。

　従って、コストダウンは1棟当たりの粗利益を確保することを一義的な目的とします。その他のコストダウンの目的は、所定の粗利益が確保できて余裕ができた場合に行うべきです。

　売価ダウンは安易に行うべきではないと考えます。一般的に工務店の経営者や営業担当者は、「うちは他社に比べて高いのではないか、もっと売価を下げなくてはいけなのではないか」という強迫観念を持ちがちですが、売価を下げれば現在よりもさらに下位の市場へシフトすることになり、そこにはさらに厳しい競争が待っています。それよりも、コストダウンで得た余力を資材のグレードアップに充当して、現在の市場での競争力のアップを図るべきです。

　自社が置かれている市場、さらにこれからどこの市場を目指すのか（場合によってはより高い市場を狙うこともあり得る）に関しては、それぞれの事情があると思いますが、工務店経営を考える上で重要なことだと思います。

2　コストダウンのポイント

コストダウン実現のためには、コストダウン実施計画書を策定し、工事業者や資材納入業者との交渉を「粘り強く・しつこく・継続的に」行います。その際、現場で実際に掛かる職方や工数、材工工事の原価構成、市況価格等のデータを交渉時の根拠とする必要があります。交渉や実施成果の進捗の管理は日常的に行い、あるコストダウン候補項目の成果が芳しくない場合は他の項目を追加したり差し替えるなど、目標のコストダウン額に届くまで行動します。あくまでもコストダウンに執着することが大切です。

1　コストダウンの実施ポイント

　直接コストのコストダウンは、工務店によって得意分野・不得意分野があります。私の経験から次のタイプに大別しました。

Aタイプ：資材の購入価格に低減の余地があるが、工事費は抑えられている

　資材調達先の見直しやデリバリー方法の合理化等によりコストダウンが可能です。

Bタイプ：工事費に低減の余地があるが、資材の購入価格は抑えられている

　職方の労務費に関わるため、Aタイプよりもコストダウンは困難です。現場の作業効率の改善や年間を通じた安定的な発注量の保証等、説得力のある根拠が必要です。

Cタイプ：資材の購入価格、工事費ともに低減の余地がある

　多面的な取り組みを行えば、大きなコストダウンの可能性があります。この場合はコストダウン項目が工務店の体質改善や業務のやり方の改革にまで及ぶことがあります。

　原価改善のコンサルティングではその工務店がどのタイプに属するかを見極め、その穴を埋めることにより成果を挙げてきました。コストダウンというと、いきなり細かいレベル（ある部品の取付費等）に突っ込みがちですが、木を見て森を見ずではなく、まず総額で高いか安いかの判断を行い、徐々に明細のレベルまで落としていくことがポイントです。表1に工事別にコストダウンを実施する際のポイントをまとめました。それぞれの工事区分の要点を説明していきます。

2 コストダウンのポイント

▶表1　工事別コストダウンのチェックポイント

工事種別	工事区分	工事・材料名	チェックポイント
総額	積算金額	—	□総額で高くなっていないか □坪当たり単価が適切か □予備費的な要素が紛れていないか
建築工事	仮設工事	外部足場	□掛け面積で算出している場合、面積計算が適切か □延床面積を数量としている場合、単価が高くなっていないか
建築工事	仮設工事	現場養生費	□不必要な項目が設定されていないか □予備費的な要素が紛れていないか
建築工事	基礎工事	—	□総額で高くなっていないか □単位（立上り長さ、床面積等）当たりの価格が適切か □排出土のm^3が適切か □深基礎の金額が適切か
建築工事	木工事	構造材費	□プレカット費が適切か □材種別のm^3単価が適切か
建築工事	木工事	大工工事	□総額の延床面積（坪）当たりの換算工数が実情にあっているか □基本工事費に含まれている範囲と積算単価が一致しているか □積算項目が詳細になりすぎていないか（部材の取付手間レベル）
建築工事	断熱工事	—	□壁芯計算となっているか
建築工事	屋根・鈑金工事	屋根葺き工事	□基本工事費に含まれている範囲と積算単価が一致しているか □壁芯＋軒の出（妻の出）で寸法が抑えられているか
建築工事	石・タイル工事	外壁工事	□壁芯で計算し、窓面積を差し引いているか □資材のグレード、施工方法を鑑みて単価は適切か
建築工事	石・タイル工事	内装工事	□基本工事費に含まれている範囲と積算単価が一致しているか □面積計算は適切か
建築工事	左官工事	—	□材料費と労務費の割合が適切か
建築工事	外部建具工事	アルミサッシ	□単価が適切か（定価に比べて）
建築工事	内部建具工事	内部建具	□メーカー品の場合、単価が適切か（定価に比べて）
建築工事	塗装工事	—	□材料費と労務費の割合が適切か
建築工事	外装工事	サイディング工事	□総額で高くなっていないか □基本工事費に含まれている範囲と積算単価が一致しているか
建築工事	内装工事	クロス貼り工事	□壁芯で計算し、開口部を差し引いているか □クロスのグレードに呼応した単価か
建築工事	住宅設備機器工事	システムキッチン・システムバス	□単価が適切か（定価に比べて） □据付手間が適切か
建築工事	雑工事	—	□雑工事の内容が適切か □予備費的な要素が紛れていないか
設備工事	屋内給排水設備工事	給水・給湯・排水配管工事	□総額が適切か □給水、給湯の配管材料の種別が単価に呼応しているか
設備工事	給湯設備工事	ガス給湯器	□単価が適切か（定価に比べて）
設備工事	電気設備工事	スイッチ・コンセント・電灯配管工事	□総額が適切か □単価が適切か（定価に比べて）
付帯工事	屋外給排水工事	—	□総額が適切か □管工事の長さが適切か
付帯工事	空調工事	—	□単価が適切か（定価に比べて） □取り付け費が適切か
付帯工事	地盤改良工事	—	□総額が適切か
別途工事	給排水取出工事	—	□総額が適切か

（1）建築工事のコストダウン

コストダウンを検討する際、基礎工事、大工工事が最初に候補に挙がると思います。ここではその他の工事も含めてコストダウンの着眼点を紹介していきます。

①仮設工事

外部足場の単価が適切か、現場養生費に不必要な工事項目の計上がないか等の確認を行います。予備費的な要素が紛れ込んでいる場合があります。

②基礎工事

単位長さ（基礎長さ1m当たり等）や単位面積当たり（1階床面積1m²当たり等）の工事単価に含まれている工事内容の精査を行い、ポンプ車や捨コンクリートの費用が立上り部分や底盤部分の単価に含まれているのに別項目としても設定されているなど、二重に計上されているものがないかを確認してください。

原価3要素（労務費、材料費、粗利益）を意識して、歩掛を作成するのも有効です。

③木工事（大工工事）

かつては下小屋での加工作業と現場での建て方工事、造作工事の合計で坪4人工程度の工数が掛かっていた時代もありました。現在は構造材や羽柄材のプレカット化や造作材のノックダウン生産化、吊り込み建具等により、作業手間は半減しています。これらの生産性の向上が単価に反映されているかどうかの確認が必要です。

工事範囲（断熱材の取り付けや外壁胴縁の取り付けが大工工事か否か）、間取りが単純か複雑か、収納の数等の要素によっても人工はばらつきます。いずれにしろ、出面程度で構いませんので、常にどれくらいの現場工数になっているかを掌握し、発注金額に連動させる必要があります。手待ちや手戻りが工数の増大に影響しているかどうかも確認します。

また、クレーン代やガードマン費用が複数日となっている場合は、実際に上棟に掛かった日数を調べることが必要です。

④断熱工事

断熱工事の方法は多種多様です。吹込み用や発泡系の断熱材を吹き付ける場合は、他の工務店がいくらで発注しているかの情報を入手できると有効な判断材料になります。

⑤屋根・鈑金工事、外装工事

基本工事費が低価格でも、役物、鈑金、野縁や下地胴縁工事が別途計上されていて、総額が高くなっている場合があります。基本工事費に含まれている工事内容を確認する必要

があります。他の工務店の発注金額の実態を掌握することにより、発注金額が適正か判断することも必要です。相見積りを取ることも方法の一つです。

⑥左官工事、塗装工事

材料費よりも労務費の占める割合が高い工事です。乾式仕上げや工場でのプレ塗装等が一般的になってきており、現場での工事範囲も随分減ってきています。発注総額が少額（10万円程度）の場合は、壁面積当たりの単価ではなく職方の手取り収入で判断する必要があります。

最近は、健康・自然志向から、珪藻土や漆喰塗りの仕上げが増えてきています。材料費と工事に関わる労務費がそれぞれ適切かどうかの判断が必要です。1工程仕上げか、下塗り・上塗りの2工程なのかで単価は異なってきます。

⑦内部建具工事

メーカー品の吊り込み建具が普及している中、建具工事業者が作成している内部ドアは差別化が図れる製品ですので、その価値を適正に評価した上での価格設定となっているか、判断が必要です。

⑧内装工事（クロス貼り）

クロスのグレードによって内壁面積当たりの単価は変わってきます。特に柄物の壁クロスはジョイント部分の柄合わせに手間が掛かります。安価な普及品のクロス貼りの材工工事でも、工務店によって5割くらいの単価差が生じている場合があります。

開口部の面積が差し引かれた面積になっているかもチェックしてください。

(2) 設備工事のコストダウン

給排水設備工事・電気設備工事は、地域や工務店により、驚くほど発注金額に差が見受けられます。コストダウンの候補項目の重要な対象となる場合があります。

発注金額が高めの場合、まず、工事業者に実態を話して価格協力を求めます。成り行きによっては、寡占的な状況を打ち破るために、新規業者の採用も視野に入れて価格交渉を行うことが有効です。

①屋内給排水設備工事

詳細な見積り項目（給水1カ所当たり等）の単価ではなく、総額での判断が必要です。配管材料（VP管、VU管、架橋ポリエチレン管等）の数量まで細かく計上されていたケースがありましたが、これらの配管材料の数量チェックはほとんど不可能で、価格交渉

は困難な状況でした。給水や給湯、排水は1カ所当たりの単価設定をするなど、双方が簡単に確認できる見積り項目のレベルにする必要があります。

また、屋内給排水設備工事費は比較的低価格なのに、屋外給排水設備工事費や給排水取出工事費、各種申請業務費用等のその他部分の費用が過大な場合があり、精査を行った結果、設備工事のコストダウンにつながった事例もありました。

②電気設備工事

あくまでも総額の発注金額で妥当性を判断してください。個々の見積項目（電灯配線、スイッチ・コンセント1カ所当たり等）の単価が適切だと思われても、積上げると高額になっている場合があります。

照明器具の取り付けも総額での妥当性を現場の工数調査等で判定してください。

（3）付帯工事、別途工事のコストダウン

①解体工事、地盤改良工事、造成工事、外構・造園工事等

金額の妥当性はわかりにくいところです。数社からの見積り徴収や専門家からの意見聴取が必要な場合があります。

②補修費、養生費、その他

隠れた利益である予備費の温床となっている可能性があります。設定の根拠を明確にして、必要のない場合は項目の撤廃が必要です。利益流出の原因分析と再発防止のサイクルが原価管理の重要な要素の一つですが、予備費が隠されていると利益が流出したことが感知できず、このサイクルを回すことができなくなってしまいます。

（4）材料費のコストダウン

①構造材、羽柄材、構造用面材

プレカット代および、桧や杉、レッドウッドやホワイトウッド等の1m^{3}当たりの単価が価格の妥当性を判断するよりどころとなります。同じ断面でも長尺物（管柱よりも通し柱）の方がm^{3}単価は高くなります。

延床面積が40坪程度の一般的な木造住宅の場合、所要材積量は15〜20m^{3}程度ですが、これよりも多い場合は構造計画の見直しを行い、大断面の横架材を減らすことで材積を少なくすることもコストダウンの有効な手段です。

②木製フローリング、造作材、階段、内部建具などのメーカー品

　調達している価格が適正であるかの評価を行ってください。定価（カタログ価格）そのものが高額な場合もあります。メーカーとの専売契約を結んでいても、一般で調達できる価格とほとんど変わらない場合もありますので、要注意です。

　さらにコストダウンの検討だけにとどまらず、他の工務店やハウスメーカーとの差別化ができる製品を採用しているかの評価も行う必要があります。

③金属製サッシ

　アルミサッシは、納材店が数量拾いを行っているのか、工務店が数量を拾っているのかで調達価格に大きな差が生じます。納材店が数量を拾っている場合は、図面から数量を拾うことになり手間が掛かります。また、拾いミスのリスクも背負うこととなり、その分が価格に上乗せされることとなります。工務店が数量を拾って発注すれば、納材店はこれらの手間やリスクから解放されることとなり、その分、低価格で調達可能です。最近では工務店が数量拾いを行い、Webで発注するシステムが広まっています。

　また、サッシの断熱性能や防耐火の仕様によって、調達コストが異なります。

④住宅設備機器（システムキッチン、システムバス、便器等）

　現在、どの程度の水準で購入しているかの確認を行ってください。他の工務店の購入価格は参考になります。市販品と同等な設備機器で、工務店向けの品番を付けた製品もあります。比較的、安く入手できますので検討に値します。

　新製品の発売に併せて調達金額が見直される場合があります。同等品の旧品番に比べて不当に高い調達金額となった場合は、再交渉に臨んでください。

　システムキッチンやシステムバス等、現場での据え付けまで一貫して発注する住宅設備機器は、材料費だけではなく、現場据付費用が適切であることの確認が必要です。これらの機器の据付費は、一般的には材料費の10～15％位が目安となっています。

　材料は2社購買が原則です。納入業者を競合させて価格交渉を行うことにより調達金額の低減が図れます。明らかに高値なのに、材料費がなかなか下がらない場合があります。特に地方の寡占的な納材店に見られる傾向です。この場合、県境を越えて他県の納材店へ仕入先を替えることにより上手くいくケースもあります。

2 コストダウンの実施、運用に関して

　コストダウンの成果が、粗利益率のアップや競争力の強化、会社の経営安定化などに寄与しているかの評価を定期的に行い、社員に周知します。そして、さらなるコストダウン計画（第2次、第3次…）を策定し、継続して取り組んでください。いったん守りに入ると、どんどん衰退していきますので、コストダウンの継続は、経営力を維持し、より高めていくためにも必要です。

　そのためには、定期的（年2回程度）な見直しも必要です。一連のコストダウンの取り組みが上手くいって、一度は成果が出たとしても、時間の経過とともに次第に取り組み姿勢が緩んでくる可能性があります。常に市況の動向を見極めて、適正な価格のメンテナンスを行うことが必要です。

　メーカー系の資材の価格交渉は、ビジネスと割り切って行うことができますが、労務が関わる交渉は、過去のしがらみに縛られないことが必要です。特に長い付き合いがある工事業者から経営者に、泣き言や圧力が掛かることもあります。

　基礎工事や大工工事、電気設備工事、給排水設備工事等は、工事業者と互いの状況を共有化し、これからの厳しい時代を両者ともに生き抜くために、効率アップによるコストダウンは避けて通れないこと、結果的には安定受注・安定発注により得られた対価をお互いに享受できるという認識を持ってもらい、コストダウンへの理解を得ることが必要です。

3 コストダウンの手法

　コストダウンは、手当たり次第発注金額を削減すればよいというものではありません。的を絞ってコストダウンに臨むことが成功への第一歩です。具体的なコストダウンの手法と実施計画ついて手順に沿って紹介していきます。

1 コストダウンの目標と実施項目の策定

　最初に取り掛かるのがコストダウンの目標額の設定と候補項目の抽出、策定です。表2を使って、次の手順で進めます。

（1）目標額の設定

　粗利益率30％を達成するためには、いくらのコストダウンが必要なのか、競争力を増大させるためにはさらにいくらの利益を上乗せしなければならないのかなど、必要なコストダウン額の目標金額を設定することから始まります。コストダウンは結果の積上げではなく、まず初めに目標額ありきで進めていきます。

（2）候補項目の抽出

　できるだけ多くの社員から広く意見を募ってコストダウンができる項目をかき集めます。候補項目は多ければ多いほど、良い成果が導き出されます。例えば、コストダウンの目標額を50万円にした場合、最低でも100万円分以上のコストダウン候補項目を探し出す必要があります。コストダウン項目をたくさん挙げても、その中で実現可能なものは上手くいって半分、状況によっては1/3程度となる可能性もあります。

　コストダウンの候補項目の抽出と整理には、品質管理の分析に用いる手法のQC7つ道具（特性要因図、パレート図、ヒストグラム、管理図、散布図、グラフ、チェックシート）のうち、特性要因図（図3）を使うと有効的です。頭を柔軟にして、あらゆる角度からコストダウン項目を書き出してください。この段階では実現性やコストダウン額の大小は問いません。

3　コストダウンの手法

▶表2　コストダウン候補項目リスト

番号	工事区分	項目	区分	コストダウンの内容	①コストダウン効果金額
1					
2					
3					
4					
5					
6					
7					
8					
9					
10					
11					
12					
13					
14					
15					
16					
17					
18					
19					
20					
21					
22					
23					
24					
25					
27					
28					
29					
30					
				合　計	

3　コストダウンの手法

■効果金額ランク

| a：20万円以上 |
| b：10〜20万円 |
| c：5〜10万円 |
| d：1〜5万円 |
| e：1万円未満 |

■難易度

| A：実施できる（1.0） |
| B：可能性高い（0.7） |
| C：可能性あり（0.5） |
| D：可能性あまりない（0.3） |
| E：可能性なし（0.0） |

■優先順位

| 第1次コストダウン： 　月　日までに実施完了 |
| 第2次コストダウン： 　月　日までに実施完了 |
| その他：以降の実施予定 |

1) ○○年○月○日設定
2) ○○年○月○日改定
3) ○○年○月○日改定
4) ○○年○月○日改定

効果金額ランク	難易度	②難易度掛率	コストダウン期待額（①×②）	優先順位	○月○日時点確定金額	実施予定日	実施担当	進捗状況

| コストダウン目標額(第1次) | |
| コストダウン目標額(第2次) | |

第4章 ● コストダウンの手法に関して

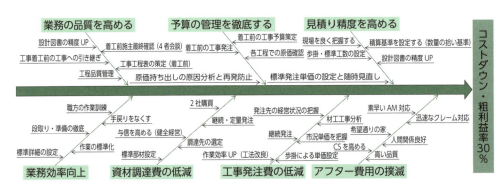

▶図3　QC7つ道具の特性要因図

柔軟な発想のもと、どれだけ多くのコストダウン項目が抽出できるかが勝負です。約束ごとは、その場では他のメンバーから出てきたアイデアを絶対に批評・評価しないことです。上位者が「そんなことできるはずないだろう」といった瞬間、2度とアイデアが出てくることはありません。

(3) 効果金額の算定

先に出た項目すべてについて、コストダウン効果金額をまとめます。効果金額は次のようにランク付けします。ランク付けをすることで、効果金額がどのくらいなのか一目でわかりやすくなります。

a：コストダウン効果金額20万円/棟以上
b：同上10～20万円未満
c：同上5～10万円未満
d：同上1～5万円未満
e：同上1万円未満

(4) 実現に向けた難易度の設定

項目の中には、すぐに実現可能なものから非現実的といえるものまで、さまざまあるでしょう。ここでその実現に向けた難易度をふるいにかけて難易度を設定します。

A：実施がすぐにできる項目（可能性80～100％）
B：実施できる可能性が高い項目（可能性60～80％未満）
C：実施できる可能性がある項目（可能性40～60％未満）
D：実施できる可能性があまりない項目（可能性20～40％未満）

E：実施できる可能性がほとんどない項目（可能性20％未満）

(5) 実施項目、優先順位の決定

次に効果金額と難易度の評価を勘案して、具体的なコストダウン候補項目を策定します。

コストダウンの効果金額に実現のための難易度を乗じて、コストダウン期待金額を算出します（効果金額×難易度（％）＝コストダウン期待金額）。コストダウン期待金額が低い項目（金額効果が小さいのに交渉に手間が掛かる項目など）よりも、コストダウン期待金額の高い項目の実現に注力した方が得策です。上位の3項目から5項目で目標のコストダウン額の過半となることが一般的です。

優先順位に従って、時系列的に第1次コストダウン、第2次コストダウン、その他に仕分けしますが、それぞれの実施計画には継続性とつながりが必要です。

(6) コストダウンの実施

それぞれの項目について実施担当者を決めて、コストダウンに向けた交渉や現場調査、市況調査を行います。コストダウンの責任者は全体の状況を日常的に把握し、交渉状況や調査の結果は、その都度コストダウン候補項目リストに反映させていきます。月2回から4回の頻度でコストダウンに関する会議を開催し、全体の状況を全員で確認する場を設けます。1時間から1時間半程度の単時間で全体が把握できるような進行となるように留意し、要領良く進めることがコストダウンプロジェクトを継続するポイントです。

また、コストダウンの実施にはスピードも必要です。3カ月で第1次コストダウンのめどを付け、第2次コストダウンは6カ月後を目標に集中的に取り組む必要があります。それ以上の期間を掛けると息切れしてしまいます。

まずは直接コストのコストダウンに的を絞って行います。直接コストの低減こそがコストダウンの大本命であり、最優先して取り組むべき課題だからです。とはいえ、コストダウンの候補項目の中には直接コスト以外の項目もあるでしょうし、毎月行う会議の中でコストダウンにつながる芽が新たに出てくることもあるでしょう。次節では、このコストダウンの手法を用いてコストダウンを実施し、併せて原価管理の徹底や業務効率の向上を目指した結果、業務改革を成功させた工務店の事例を紹介します。

4 コストダウンの成功事例

コストダウンの手法に関しての概説を前節で行いました。ここからは、さらに理解を深めるためにコストダウン実施プロジェクトを設置し、成功させたA工務店の事例を紹介します。さらにA工務店ではコストダウンを切り口として、さまざまな業務改革も行いましたので併せて解説します。

1 コストダウン目標金額の設定

　A工務店は粗利益率の平均が22%と低い状態に悩んでいました。15%程度の低粗利益率の工事邸名もありました。また、提供している住宅の価格帯は2,000万円から2,500万円ですが、外観デザインに特徴がなく、使っている資材も普及品レベルです。同程度の住宅をA工務店より安く販売している中堅住宅会社が地域へ進出してきたこともあり、受注も厳しくなっています。そこで、コストダウンに取り組むことになりました。

　今後の会社の経営のことを考えると、まず粗利益率を25%確保する必要があります。それを達成するために、1棟当たり60万円のコストダウンを当座のコストダウン目標金額としました。

　さらに、厳しいこれからの市場のことを考えると、現状の価格帯で外観デザインや資材の仕様グレードを高めて競争力を増大する必要も感じていますので、そのための原資として、さらなるコストダウンの積上げが必要だと考えています。

2 コストダウン実施プロジェクトの設置

　コストダウンの検討に先立ち、社内に「コストダウン実施プロジェクト」を設置しました。工事責任者をプロジェクトリーダーとし、工事担当者および設計と積算部門の全員、営業部門からもリーダークラスがメンバーとなり、総勢5名となりました。

　コストダウンを、一部の専門的な担当者（例えば積算担当者）だけの個人レベルで行う

のではなく、営業・設計から工事部門までを巻き込んだ、全社を横断した組織活動にすることで、直接コストの低減にとどまらず業務改革にまで結び付けた成果が生まれます。

3 コストダウン候補項目リストの作成と実施の確認

コストダウン実施プロジェクトで作成した「コストダウン候補項目リスト」を表3に示します。

(1) コストダウン候補項目と効果金額

全社員の衆知を集めてコストダウンの候補項目を検討した結果、全部で22項目が抽出されました。A工務店の標準的なタイプの工事事例をもとにコストダウン効果金額を積算した結果、総額で約186万円にもなりました。

(2) コストダウン実施難易度

掲げた候補項目の実施の難易度をA工務店が置かれている状況を勘案して、A～Eで評定しました。例えば、資材の購買先の協力度合や競合する購買先の有無、基礎工事や給排水設備工事、電気設備工事の工事業者については現在までの協力関係の度合や寡占的な状態が打破できるのかどうか、大工工事では現場作業の工数を裏付けとして持っているのか、年間を通じて一定の金額の発注の保証ができるのかなどを判断基準としました。

(3) コストダウン期待額

難易度に応じて設定した掛率を効果金額に乗じてコストダウン期待額を算出します。その結果、コストダウン期待額の合計は約106万円となりました。現時点では、この金額までコストダウンの可能性があるという事になります。当座のコストダウン目標額である1棟当たり60万円には十分届く金額です。

A工務店が設定した難易度別の掛率は表3の通りです。掛率を設定する理由は、それぞれのコストダウン候補項目の実現の可能性は0％か100％かではなく、交渉に困難が予測される候補項目でも、その一部だけでも実現させる可能性を探るためです。決してあきらめないとう姿勢で臨むことがコストダウンへの近道といえます。

4　コストダウンの成功事例

▶表3　コストダウン候補項目リスト

A工務店　コストダウン候補項目リスト

■試算サンプル：AY様邸　木造軸組み2階建て　延床面積142.2m²　工事原価合計2,050万円

番号	工事区分	項目	区分	コストダウンの内容	①コストダウン効果金額
1	仮設工事	外部足場	材工	単価見直し　1,600円⇒1,300円/m²	60,000
2	〃	仮設トイレ	材工	発注先変更　60,000円⇒45,000円/式	15,000
3	基礎工事	基礎工事全般	材工	単価見直し　120万円⇒100万円/棟	200,000
4	木工事	構造材	材	m³単価見直し　10%コストダウン/棟	180,000
5	〃	木製フローリング	材	仕入価格見直し　12,000円⇒10,000円/m²	200,000
6	〃	大工坪単価	工	工数調査　48,000円⇒43,000円/坪	200,000
7	断熱工事	発泡系吹付断熱	材工	単価見直し　4,200円⇒3,900円/m²	60,000
8	屋根鈑金工事	化粧スレート葺き	材工	単価見直し　6,000円⇒5,300円/m²	42,000
9	石・タイル工事	ポーチタイル工事	材工	単価見直し　12,000円⇒10,000円/m²	20,000
10	左官工事	珪藻土工事	材工	単価見直し　4,300円⇒3,800円/m²	50,000
11	外部建具工事	アルミサッシ	材	Web発注へ変更　180万円⇒170万円/棟	100,000
12	内部建具工事	木製吊り込み建具	材	発注先変更　40万円⇒37万円/式	30,000
13	外装工事	窯業系サイディング工事	材工	単価見直し　6,800円⇒5,700円/m²	198,000
14	内装工事	クロス貼り工事	材工	単価見直し　1,200円⇒1,000円/m²	60,000
15	住宅設備機器	システムキッチン	材工	金額見直し　80万円⇒72万円/セット	80,000
16	〃	システムバス	材工	工賃見直し　10万円⇒7万円/セット	30,000
17	〃	洗面化粧台	材	金額見直し　18万円⇒16万円/セット	20,000
18	雑工事	床下収納庫	材	金額見直し　15,000円⇒13,000円/セット	2,000
19	屋内給排水設備工事	配管工事	材工	単価見直し　65万円⇒50万円/棟	150,000
20	給湯設備工事	潜熱回収型給湯器	材	金額見直し　28万円⇒23万円/棟	50,000
21	電気設備工事	配線工事	材工	単価見直し　55万円⇒50万円/棟	50,000
22	その他	資材の過剰拾いの抑制	材	必要数量での発注　70,000円/棟削減	70,000
23					
24					
25					
27					
28					
29					
30					
				合　計	1,867,000

4 コストダウンの成功事例

■効果金額ランク	■難易度	■優先順位	
a：20万円以上	A：実施できる（1.0）	第1次コストダウン：5月1日までに実施完了	1) 11月10日設定
b：10～20万円	B：可能性高い（0.7）	第2次コストダウン：9月末までに実施完了	2) 12月12日改定
c：5～10万円	C：可能性あり（0.5）	その他：以降の実施予定	3) 1月30日改定
d：1～5万円	D：可能性あまりない(0.3)		4) 2月15日改定
e：1万円未満	E：可能性なし（0.0）		

効果金額ランク	難易度	②難易度掛率	コストダウン期待額(①×②)	優先順位	2月15日時点確定金額	実施予定日	実施担当	進捗状況
c	B	0.7	42,000	第1次	30,000	3月1日	田中	1,450円で妥結
d	A	1.0	15,000	第1次	15,000	3月1日	田中	決定
a	C	0.5	100,000	第1次	―		田中	交渉中
b	C	0.5	90,000	第1次	100,000	5月1日	太田	仕入先変更
a	A	1.0	200,000	第1次	200,000	5月1日	太田	決定
a	D	0.3	60,000	その他	―		徳山	出面人工調査中
c	B	0.7	42,000	第1次	30,000	4月1日	田中	交渉中
d	D	0.3	12,600	その他	―		田中	未着手
d	D	0.3	6,000	その他	―		田中	未着手
c	C	0.5	25,000	第2次			田中	交渉中
b	A	1.0	100,000	第1次	10,000	3月1日	太田	決定
d	C	0.5	15,000	第2次	―		太田	交渉中
b	C	0.5	99,000	第1次	45,000	5月1日	田中	交渉中
c	D	0.3	18,000	第2次	―		田中	未着手
c	B	0.5	40,000	第1次	50,000		太田	決定
d	B	0.5	15,000	第2次	20,000		太田	決定
d	B	0.5	10,000	第2次	15,000		太田	決定
e	C	0.5	1,000	その他	―		太田	未着手
b	D	0.3	45,000	第2次	―		徳山	新規業者折衝中
c	B	0.7	35,000	第1次	30,000	4月1日	太田	決定
c	C	0.5	25,000	第2次	―		徳山	交渉中
c	A	1.0	70,000	第1次	70,000	3月10日	太田	決定
			1,065,600		615,000			

コストダウン目標額(第1次)	600,000
コストダウン目標額(第2次)	300,000

第4章 ● コストダウンの手法に関して

（4）実施項目、優先順位の決定

コストダウン候補項目の実施に当たり優先順位を付け、それぞれの候補項目ごとに主体的に活動する実施責任者を決定しました。すぐに実施できそうな項目（難易度 A の項目）、難易度が多少高くてもコストダウン期待額が大きいものから優先順位を付けて、第一次コストダウンの実施項目を決定していきます。全体の管理責任者をプロジェクトリーダーとし、第一次コストダウンのめどを 3 カ月で付け、実施開始を半年後の来年 5 月とすることを目標にしました。

（5）コストダウンの実施

各実施担当者が現場工数や市況単価の調査を行い、資材納入業者や下請け業者への説明と理解を順次開始し、月に 2 回の頻度で全員が集まるプロジェクト会議を開催し、進捗状況の確認を行いました。当然、プロジェクトリーダーは日常的に全ての活動に関与して状況を把握し、コストダウン候補項目リストも、その都度更新していきます。

最初はどの資材納入業者、下請け業者もガードが固く、なかなか協力を得ることができませんでした。何回か折衝を続けていくうちに A 工務店の真剣さが徐々に伝わっていきました。そして、定期的な発注量を確約し、手待ちや手戻りが発生しないように A 工務店の業務精度を高めることを条件に、話し合いに応じるようになりました。

その結果、プロジェクト開始から 3 カ月後の 2 月 15 日時点で 9 項目、総額で約 61 万円のコストダウンの見通しをつけることができました。当座のコストダウン目標金額 60 万円の達成です。次回のプロジェクト会議までに、さらにコストダウン金額の上乗せが期待できます。そして、上乗せできた金額分を、さらに競争力のある住宅を供給するための資材の仕様グレードアップの原資とすることを全員で確認し、次回以降のプロジェクト会議の主要なテーマにすることにしました。

A 工務店のコストダウン実施プロジェクトの全体会議は月 2 回の頻度でしたが、プロジェクトの立ち上げ直後の全体会議の開催頻度は月 4 回程度でも良いかと思います。ただし、プロジェクトを効率良く継続するためには、全体会議を 1 時間から 1 時間半程度の短時間で要領良く行う事がポイントです。

以上が直接コストの低減のために A 工務店が行った、コストダウン実施プロジェクトの内容です。

4 原価管理とコストダウンのための実施計画表の作成

　コストダウン実施プロジェクトを立ち上げ、コストダウンの候補項目を抽出するためのブレインストーミング（衆知を集めて知恵を絞りアイデアを出すこと）を行ってみると、低粗利益となっている要因が下請け業者への発注金額だけの問題ではなく、A 工務店内部の業務にもあることに気が付きました。そこで、それらの課題も包含して改革に取り組むことにしました。

　改革のために A 工務店では実施計画表（表 4）を作成しました。項目が多岐にわたっていますが、最優先して取り組むのが「直接コストの低減」です。粗利益率を目標の 25％にできるめどをつけた後に、その他の課題に初めて取り掛かることができます。ただし、施工・品質基準は放ってはおけない問題なので、喫緊の課題とし、優先的に取り組むことにしました。

　次に直接コストの低減以外に取り組んだ主な課題の内容を説明します。

（1）原価管理の業務の構築

　営業・設計段階でのペンディング事項が多数残っていて、工事実行予算書の作成がままならない状態で工事着工している状態でした。同様に設計図書が不完全であり、追加工事も受注できていないことが多く、工事現場での手待ちや手戻り工事が発生している状況です。発注金額が確定していない状態での工事は、工事業者から出来高で請求された金額をそのまま支払っている場合が多く、低粗利益率の大きな要因でした。分析の結果、この工務店のコストダウンには原価管理の厳格化が求められることがわかりました。

　原価管理業務を機能化するために、154 ページで紹介した工事実行予算管理表を用いて全体のスケジュールや予算管理を行い、それぞれの工事邸名で予算や工程が守られているかの確認を怠らないようにしました。

（2）設計基準の設定

　設計基準は耐震的な観点からの間取りとなっておらず、構造計算ありきの状況でした。その結果、大断面の横架材が多量に発生しており、構造材費が高額となっていました。そこで構造設計的な観点から設計基準を設定することとしました。

▶表4 コストダウン実施計画表

A工務店　原価管理とコストダウンのための実施計画表

＊進捗の確認を常に行う

大項目	中項目	小項目	担当	2015年 11月	2015年 12月	2016年 1月	2016年 2月	2016年 3月
A. 課題の抽出・全体スケジュールの決定			全員		完了			
B. 直接コストの低減	(1) コストダウン候補項目の抽出	①候補項目の洗い出し	全員					
		②コストダウン期待金額の算定	〃			検討継続		
	(2) 工事費	①工数調査・歩掛の作成	徳山					
		②市況価格の調査	田中					
		③対象工事の抽出	〃				検討継続	
		④価格交渉	〃					
		⑤取り決め単価の見直し	〃					
	(3) 資材費	①市況価格の調査	太田					
		②品目の決定	〃				検討継続	
		③調達先の選定	〃					
		④価格交渉	〃					
		⑤適正価格の設定	〃					
		⑥過剰拾い・納入の抑制	〃					
C. 原価管理の機能化	(1) 原価管理業務フロー	①業務フローの設定	石川					
	(2) 営業積算（受注用）	①積算体系・項目の設定	〃					
		②拾い基準の設定	〃					
		③単価設定	〃					
	(3) 工事積算（発注用）	①積算体系・項目の設定	〃					
		②拾い基準の設定	〃					
		③単価設定	〃					
	(4) 実行予算	①工事実行予算書の改訂	〃					
		②再発防止サイクルの確立	〃					
D. 業務精度・業務効率の向上	(1) 設計基準	①設計基準の設定	徳山					
		②設計基準の定着	〃					
	(2) 施工・品質基準	①施工・品質基準の設定	田中					
		②施工・品質基準の定着	〃					
	(3) 現場工数の削減	①プレカット化の促進	田中					
	(4) 現場廃材の削減							
E. 商品、仕様の見直し	(1) 商品体系の見直し	①フリー、規格タイプ別対応	徳山					
	(2) 部資材仕様の見直し	①グレード・デザイン別体系設定	〃					

1) 11月10日設定
2) 12月12日改定

| 2016年 | | | | | | | | | 特記 |
4月	5月	6月	7月	8月	9月	10月	11月	12月	
									11/10 会議で決定済み
									同上
									11月で決定、以降は進捗状況により見直す
									出面調査を実施する（基礎、大工、他）
									同業他社へのヒアリングを行う
									効果金額と難易度を勘案して優先順位を付ける
交渉継続									コストダウンの必要性の理解、安定発注の担保する事を訴える
	適宜反映								以上の成果を反映する
									いくつかの建材店から見積りを徴収する
									効果金額と難易度を勘案して優先順位を付ける
									金額、信頼性、保証等を総合的に勘案する
交渉継続									シビアに価格交渉する
	適宜反映								以上の成果を反映する
運用開始									現場で資材が余っている状態を解消する
■	■	■							営業・設計、工事の連携を図る
■	■	■	■						工事積算の体系に準じ、フリー設計で粗利益率30%を確保する
■	■	■							工事積算に準じる
■	■	■	■						現在の売価水準は維持する
■	■	■							一般的な体系とする（工種工事別）
■	■	■							単純化する
■	■	■							コストダウンの成果を反映させる
■	■	■							個人から組織での管理とする
			運用開始						対策の実施状況を把握する
				■	■	■			構造設計の考え方を導入する
					■	■	■		設計事務所の講習会実施、提案図面の社内チェックを行う
■	■								品質優先とする
			現場指導を継続						職方講習の実施と現場での指導を徹底する
		■	■	■					構造材、羽柄材、構造用合板を対象とする
							■	■	石膏ボードのプレカットを検討する
■	■	■							外観デザイン、インテリアテイストのリファインを行う
■	■	■	運用開始						健康志向、自然素材の材料を充実させる

第4章 コストダウンの手法に関して

（3）標準仕様の見直し

　標準設定されている資材の価格はそれなりに抑えられていましたが、グレードが低く、魅力がありませんでした。そのために、営業や設計担当者は標準仕様設定されていない資材を自分で探し、それぞれの施主に独自に提案している状況でした。これらの資材は単発的な取引となるので購入価格も高く、粗利益を圧縮している要因となっていました。

　今回の見直しでは、営業や設計担当者に差別化された魅力ある資材を選定させて、資材納入業者に対し定常的な取引形態とすることにより、購入価格を引き下げることができました。また、これらの資材のグレードアップの原資として、今回の一連のコストダウンで得る金額の一部を見込むことにしました。

（4）施工・品質基準の制定

　現場での施工精度の悪さが問題となり、引き渡し後の補修費用がかさんでいて経営を圧迫していました。原因は、施工や品質に関する基準が明確に定められていないことです。そこで、施工・品質基準を制定し職方に周知徹底を行いました。併せて、現場品質検査シートも作成し、品質検査員が工事工程の要所要所で品質チェックを実施することになりました。

5 コストダウン実施プロジェクトの結果

　A工務店はこの実施計画書表に基づきコストダウンと原価管理などの業務改善を継続して行った結果、1年後に100万円のコストダウン（粗利益率で5％改善）を達成しました。その内、60万円を粗利益率の改善（粗利益率25％達成）に使用し、残りの40万円を資材の仕様アップ（外壁仕上げ材のグレードアップ、内装仕上げをビニルクロスから珪藻土へ）に充当し、顧客満足度と競争力を高めることができました。

　コストダウンの目的は、粗利益率の改善を図ること、コストダウン分を資材のグレードアップに充当して価格競争力を高めることなど、本章の最初に述べた通りです。

　そして、コストダウンを実現するためのさまざまな取り組みが、結果的に工務店としての体力を強靭にしていくことにつながります。コストダウンを簡単に達成できた工務店は皆無です。工務店の経営者、営業部門、技術部門など全員がコストダウンが必要なことを理解し、衆知を集めてそれを実現するための方策を立案し、きちんとしたデータや根拠、

業務の効率化等をもとにして、あきらめず、一歩一歩着実にコストダウンを積み上げ、最終的に大きな金額となっていくプロセスそのものが、さまざまな難題に向かって突き進み、解決していくための能力や組織力を培養するための修練の場となります。さらに、コストダウンを切り口に、業務フローの適正化、設計基準や施工・品質基準等の見直し、競争力のある標準仕様の設定等に結びつけることができます。これらの成果は、工務店だけではなく、一緒に現場を切り盛りしている、基礎屋さん、大工さん、設備屋さんを始めとした全ての協力業者の人達と享受することも忘れてはいけません。

　コストダウンのプロセスを経験し、それを達成した工務店は、厳しくなる受注環境の中で確実に生き残っていく工務店であると確信しています。

おわりに

　「積算は経営の重要な要素である」ということを冒頭で申し上げました。私が住宅会社に新入社員として入社したときから退職するまでの話を少しさせていただきます。

　最初に配属されたのは浦安の建売現場でした。配属されたというよりも放り込まれたといった方が適切かもしれません。数百棟規模の大規模開発地の建築工事でした。現場事務所があって、直施工という名のもとに、工務店を介さずに基礎屋とか大工、左官屋、設備屋、電気屋などと直接やりとりをして毎日毎日、現場で資材・職方の手配、指示、品質検査を行うという役割でした。もともと工務店の次男坊として育ったので、これらの職方の中に入り込むことに関して違和感はありませんでした。建物ができていくプロセスを目の当たりにし、建築の納まりなど多くの事を学びました。

　数年して突然、本社の勤務を命じられました。何をやるのかと思ったら、コンピューター（パソコンがない時代ですので、空調完備の立派な電算室の中にあり、オペレーターが数名いる数億円の大型コンピューター）を使った積算システムの開発に当たれということでした。正直いって、それまで積算には全く興味がなかったので、困った事になったと思いました。当時の支店の積算担当者は、朝から晩まで（場合によっては徹夜をしてまで）、机の前にかじりついて、電卓を叩いている印象しかなく、自分には向かないと思っていたからです。そして、積算システム開発に着手して驚いたのは、会社に積算基準や積算単価がないということがわかった時でした。積算担当者がそれぞれ独自の拾い基準と単価を持っていること、支店が異なると見積書の内容や体裁も違うことなどです。そこでまず手を付けたのは、コンピューターのプログラミングではなく、全社統一した積算基準をつくることでした。幸いなことに、私の上司は非常に聡明な方で物事を論理的に組み立てていくことに長じていました。先輩社員は、大手の積算事務所から来て、積算の世界のことは何でも知っている方でした。積算基準に関して多くを学びました。それぞれの工事単価に関しては歩掛をきちんと作って決めるというやり方でした。この時は、私の建売現場での経験が役立ちました。大型コンピューターもその威力を発揮しました。開発には2年を要しましたが、積算に関する原論がわかったような気がしました。

　入社してからの数年間のこの2つの経験が、それからの私のバックボーンとなりました。その後、一番やりたかった支店での設計担当や設計課長、技術部門の統括責任者や関

係会社の技術役員・経営役員、リフォームの事業責任者などを歴任いたしましたが、その全てでこの2つの原点「工事現場の実務を知っていること」、「原価の構成がわかること」が、どれだけ役立ったかは計りしれません。

　工務店を経営する上で重要なのは、まず住宅作りに情熱があること、そして経営的な数字に強いことです。経営的な数字に強くなるということは、利益がどのように生み出されるかの仕組みを理解していることです。見積りは、そのための原点です。

　今回の執筆に当たって、当初は「木造住宅の見積り」のみを扱った内容を考えていましたが、以上に記載したような私の思いもあり、原価管理やコストダウンまで対象を広げました。

　もう一つ付け加えさせてください。積算を担う者は、「自分は工務店の経営の重要な役割を担っているんだ」という気概を持ってください。重箱の隅を突っつくような積算屋には決してなって欲しくないと思います。そして、原価構成を理解するために工事現場に足繁く通ってください。また、住宅のデザインにも興味を持つと仕事がますます充実して楽しくなります。

　最後にあらためてこのような機会をいただき、執筆に当たってサポートしていただいた一般財団法人経済調査会の皆様に深謝申しあげます。

平成28年5月
永元　博

著者紹介

永元　博
株式会社住宅価値創造研究所　代表取締役
- 1951 年　東京都生まれ
- 1977 年　武蔵工業大学大学院建築学専攻修了（工学修士）
- 同年　　三井ホーム株式会社入社
　　　　　原価管理課長、技術企画部長、三井ホームコンポーネント株式会社　取締役総合企画室長、
　　　　　三井ホームリモデリング株式会社　取締役技術推進部長を歴任
- 2011 年　株式会社住宅価値創造研究所を設立
- 2013 年　一般社団法人マンションリフォーム推進協議会　技術委員会委員
- 2015 年　一般社団法人日本ツーバイフォー建築協会　ストック活用委員会委員長

保有資格　一級建築士、１級建築施工管理技士、東京都木造住宅耐震診断技術者、
　　　　　マンションリフォームマネジャー、福祉住環境コーディネーター（2級）等

木造住宅の見積りとコストダウン

2016 年 5 月 20 日　初版発行
2019 年 9 月 1 日　第 2 刷発行

　　　　　　　　　　　　　　　　　著者　　　永　元　博
　　　　　　　　　　　　発行　一般財団法人　経済調査会
　　　　　　　　　　〒105-0004　東京都港区新橋 6-17-15
　　　　　　　　　　　　　　電　話　(03) 5777-8221（編集）
　　　　　　　　　　　　　　　　　　(03) 5777-8222（販売）
　　　　　　　　　　　　　　FAX　(03) 5777-8237（販売）
　　　　　　　　　　　　　印刷・製本　三美印刷株式会社

Ⓒ永元　博　2016　　　　　　　　　　　　　ISBN978-4-86374-197-3
乱丁・落丁本はお取り替えいたします。